主编
中国劳动关系学院

劳动教育评论

LABOR EDUCATION REVIEW No.3

第3辑

社会科学文献出版社
SOCIAL SCIENCES ACADEMIC PRESS (CHINA)

《劳动教育评论》学术委员会

主　任　刘向兵　　中国劳动关系学院党委书记、研究员
委　员　周光礼　　中国人民大学评价研究中心执行主任、教授
　　　　曾天山　　教育部职业技术教育中心研究所副所长、研究员
　　　　卢晓东　　北京大学教育学院教授
　　　　檀传宝　　北京师范大学公民与道德教育研究中心主任、教授
　　　　王　星　　南开大学周恩来政府管理学院教授
　　　　宁本涛　　华东师范大学教育学部教授
　　　　顾建军　　南京师范大学教育科学研究院院长、教授
　　　　何云峰　　上海师范大学知识与价值科学研究所所长、教授
　　　　龚春燕　　重庆市教育评估院原院长、研究员
　　　　廖　辉　　重庆师范大学教育科学学院教授
　　　　柳友荣　　池州学院校长、教授
　　　　刘玉芳　　中国劳动关系学院副校长、教授
　　　　燕晓飞　　中国劳动关系学院科研处处长、教授
　　　　杨冬梅　　中国劳动关系学院马克思主义学院院长、教授
　　　　姜　颖　　中国劳动关系学院教务处处长、教授
　　　　杨思斌　　中国劳动关系学院公共管理学院副院长、教授
　　　　任国友　　中国劳动关系学院安全工程学院副院长、教授
　　　　曲　霞　　中国劳动关系学院劳动教育中心副主任、副研究员
秘书长　李　珂　　中国劳动关系学院劳动教育中心主任、研究员

《劳动教育评论》编辑委员会

主　　　任　刘向兵

副 主 任　刘玉芳　刘丽红

执 行 主 编　李　珂

执行副主编　曲　霞

编辑部主任　胡玉玲

编　　　辑　党　印　李素卿（英文）　丁红莉

目录

专家访谈

疫情防控之下的劳动创新与劳动教育
　　——访人力资源和社会保障部原副部长、党组副书记杨志明　／ 1

会议速递

新时代高校劳动教育实施体系构建的实践与反思

　　　　　　　　　　　　　　　　申继亮　刘向兵　周光礼 等 ／ 13

理论前沿

美丽劳动：理论逻辑、本质属性与教育进路　　　　　　柳友荣 ／ 45
以"五育融合"之眼看大学生劳动教育　　　　　宁本涛　孙会平 ／ 58
新时代劳动教育的价值意蕴与实践策略　　　　　石丹淅　赖德胜 ／ 70
以志愿服务推进新时代劳动教育发展的机制探析　　　　战　帅 ／ 86
马克思劳动思想内涵新探
　　——兼论对新时代劳动教育的指导意义　　　鞠巧新　石　超 ／ 103

国际经验

日本中小学家庭课的特点及启示　　　　　　　　　　　杨红军 ／ 117

互鉴交流

新时代背景下"四园联动"劳动教育课程的探索与实践

　　　　　　　　　　　　　　　　　　李建华　杨海威　韩董馨 ／ 130

服务业人才培养中融入劳动教育的内在逻辑与现实路径
——以中国劳动关系学院酒店管理专业为例

党　印　咸丽楠 / 145

《劳动教育评论》约稿函

/ 161

Contents

Academic Dialogue

Labor Innovation and Labor Education under the COVID-19
   Epidemic   / 1

Meeting Summary

Practice and Reflection on the Construction of the Implementation System
   of Labor Education in Colleges and Universities in the New Era
                                    Shen Jiliang, Liu Xiangbing, Zhou Guangli / 13

Theoretical Frontiers

The Beauty of Labor Theoretical Logic, Essential Attributes
   and Educational Approaches   *Liu Yourong* / 45
Labor Education for College Students from the Perspective of
"Five Education Integration"   *Ning Bentao, Sun Huiping* / 58
The Value Implication and Practice Strategy of Labor Education
   in the New Era   *Shi Danxi, Lai Desheng* / 70
The Mechanism of Promoting Labor Education with Voluntary Service
   in the New Era   *Zhan Shuai* / 86
A Study on the Connotation of Marxs Labor Thoughts   *Ju Qiaoxin, Shi Chao* / 103

International Experience

The Characteristics and Enlightenment of Family Lessons in Japanese Primary
   and Secondary Schools   *Yang Hongjun* / 117

Exchanges and Mutual Learning

The Exploration and Practice of "Combination of Four Fields"
　　Labor Curriculum in the New Era　　*Li Jianhua, Yang Haiwei, Han Dongxin* ／ 130
The Logic and Methods of Integrating Labor Education into the Training of
　　Service-oriented Talent　　*Dang Yin, Xian Linan* ／ 145

Notice to Contributors　　／ 161

• 专家访谈 •

疫情防控之下的劳动创新与劳动教育

——访人力资源和社会保障部原副部长、党组副书记杨志明*

【受访专家简介】 杨志明，男，山西朔州人，曾任人力资源和社会保障部副部长、党组副书记。党的十七大代表，第十届、十一届甘肃省委委员。

访谈人：这次全球疫情对全球经济产生了前所未有的冲击，也直接影响到劳动者就业。您认为，这次疫情的冲击对我们做好"保就业"工作有什么样的启示？

杨志明：突如其来的新冠肺炎疫情对世界经济造成巨大的损失，尤其对劳动者冲击之大，前所未有。疫情对我国经济的第一次冲击是从今年（2020年）1月下旬开始，第二次冲击是3月份国际疫情大流行，一些复工后的企业遭遇"断单"后又产生下岗失业增多的风险。中国劳动学会和新华社经济信息社联合对全国500家左右有代表性的行业企业、130多家有代表性的外向型企业和一些小企业集中进行快速调查。调查发现，防疫下的复工有许多创新和变化，也创造出前所未有的闪光点。

第一，制造业中的大企业是复工复产的骨干力量，也是吸收农民工就业的主阵地。我国制造业大约容纳7600万名农民工就业，很多制造企业在2月中下旬率先复工，3月下旬受到国际疫情蔓延冲击，断单、断链增多，现在正处于快速补链、扩链、建设国际国内双循环产业链的过程中，4月份，多数企业已经恢复或接近上年同期生产水平。其中，生产防疫物资企业一直处于持续增长状态，有

---

* 采访时间为2020年8月13日。

益于健康的食品加工企业疫情期间恢复更快，增长势头好。

第二，建筑业吸纳大量农民工等劳动者，是复工复产的支柱产业。我国建筑业约有近5000万名农民工就业，部分重点工程在今年元宵节之后就已经复工，其余大多在2月底后陆续复工，由于建筑业工期一般都是一至两年，受国际疫情蔓延冲击小，资金充足、员工稳定，原材料大部分在国内有保障，成为今年下半年巩固复工复产的稳定力量，当前国内建筑业正在加班加点弥补疫情冲击所耽误的工期。

第三，服务业是复工复产中大容量吸纳就业的产业。我国餐饮、住宿、批发零售、文化旅游等行业能吸纳大量中低端劳动者，疫情期间出现"断崖式"下滑，是受损严重的"四大"困难行业。2020年春节假期约有2000万名农民工值守岗位，3月下旬至4月随着市场整体的恢复，陆续复市复业，但复工不能复产、复产不能复销的情况仍然比较普遍，线上订餐、线上销售、线上预约旅游等借势兴起。疫情期间的消费疲软是遏制餐饮业复苏的最重要因素，此外，还有原材料价格高且损失率高、员工就业成本高、防疫成本高等多重经营压力。疫情防控中的蔬菜副食品市场恢复快、回升大，基本恢复到去年同期水平，甚至还略有增长。

第四，现代服务新业态的快速复工复产为大量农民工提供了就业岗位。现代服务业受国内经济恢复影响较大，受国际疫情蔓延的新一波冲击较小，整体上回暖较快，保障了广大群众的正常生活，成为保就业、保民生、保市场的新兴力量。快递业较早全面复工，保障了广大居民的居家生活物资配送；外卖企业在春节期间仍有开工，单位订餐量下降，但居家需求上升；网约车业务初期下滑较为明显，司机收入受到严重影响，但随着管制解除，网约车业务又快速回升；网络直播带货服务有报复性的增长。

第五，家庭服务业的刚需促进复工复产。我国家庭服务业吸纳3000多万名农民工就业，疫情期间产生强大的刚性需求。快速调查发现，杭州三替集团有15000多名农民家政工，2月上旬复工率约40%，随着国内疫情转稳，4月下旬回升至80%；北京爱侬等骨干家庭服务业企业，今年上半年复工复产率都已接近去年同期水平。

第六，中小微企业处于急待抢救的"重症区"。中小微企业竞争力相对较弱、资金积累不足，受市场急剧下降、人们较长时间居家生活的严重影响，很多已经处于歇业、半歇业状态，只有少部分正在艰难复业。酒店餐饮、文化旅游等行业企业受影响非常大，短期恢复困难较大，随着全国大部分地区成为低风险地区后，出现一定程度的反弹，但要恢复到去年同期水平仍然需要较长过程。

第七，人力资源服务业链接劳动者与企业的作用正在显现。人力资源服务企业与其他企业相比有一定的特殊性，一手牵农民工等大量的劳动者，一手牵用工企业，因此，人力资源服务企业复工一方面取决于自身恢复情况，另一方面受客户企业复工需求影响。疫情期间，人力资源服务业复工恢复较快，接近九成已在今年2月底前复工。特别是线上人力资源服务需求较大、普遍采用远程办公方式、复工复业率较高。

第八，外向型企业，特别是中小型外贸企业员工面临的失业风险高。国际疫情蔓延给国际市场带来许多不确定因素，断单、断链使有些复工的外贸企业出现订单"吃不饱"、人员"岗不稳"的困难，企业承受国内外疫情冲击叠加的压力，外贸收入大幅下滑、用工需求萎缩。

第九，农民工返乡创业企业复工复产风景独好。农民工返乡创业呈现复工复产新天地，带动农民工就近就地就业，有力支持贫困地区农民工精准脱贫。农民工返乡创业大多在中西部边远地区，受疫情冲击小，主要吸纳当地农民工，除疫情冲击订单减少外，基本没什么大的影响，从2月10日复工后，大多数保持正常发展。

第十，"一带一路"项目出现人力资源空档期。海外项目的农民工大多数于春节前回国过年，因驻地国防疫管制，无法按时回到项目所在国，复工复产只能靠原准备春节后回国轮休的员工加班加点和就近招聘技工。

从以上十个典型行业和企业可以窥见劳动者复工复产全貌。劳动者从部分先行军到"大部队"陆续返城返岗，构成中国特色的复工图景，显示出中国亿万劳动者在特殊时期迎难而上、不畏风险、艰苦劳动的优良品质，为战疫提供源源不断的物资供给，又持续创新生产、创新经营，为步入正常生活秩序、全面恢复经济贡献活力和韧性。

访谈人：疫情暴发以来，中央对疫情防控和复工复产做出了一系列统筹部署，在您看来，各地企业在统筹做好疫情防控和复工复产中有哪些实践创新？

杨志明：我国从自身实际出发进行防疫与复工双兼顾的实践创新，复工复产在防疫防控条件下展现出新的特点，从农民工逆势而上的防疫与复工中折射出被越来越多国家认可的中国特色的实践创新。

第一，错峰返城、分批复工有合理性和科学性。面对疫情冲击，区分不同行业错峰返城、根据地域风险级别不同分批复工是因企施策、因地制宜的重要举措。错峰的合理性在于防疫防控条件达到要求的行业先行复工，分批的科学性在于选择低风险甚至无疫情地区先复工。实践证明这些举措是从我国实际情况出发的，实现了人力资源的充分利用。

第二，取消影响复工复产的种种限制，使亿万劳动者快速有序复工。农民工输出地大多是中西部疫情低风险甚至无疫情地区，如果采取简单的"一刀切"的"封村""封路""限行"等过度管控措施，会造成农民工返城复工难。根据中央决定，从疫情暴发按下延长假期的"暂停键"，到防疫积极向好时按下有序复工的"转换键"，再到疫情基本得到控制时按下全面复工复产的"加速键"，审时度势、果敢决策所起的作用至关重要，是快速有序复工的重要保证。

第三，去除过度防控障碍，农民工输出地与输入地点对点链接服务。中央要求取消限制复工的种种障碍，劳动者输出地与输入地联手打通复工的"堵点"。农民工出村复工开健康证明或扫健康码从跨省互通到全国互认、数据共享，消除劳动者跨地区流动的诸多不便；针对所在地区无疫情发生或属于疫情低发区，出村时测体温后已有"无症状"通行证的农民工，取消其返城到超特大城市隔离14天的规定等，这些措施实现了农民工输出地与输入地的点对点链接，确保复工复产有序进行。

第四，两千万名劳动者值守岗位的实践给防疫与复工"双兼顾"提供现实案例。面对疫情冲击，防疫防控必须以局部先行复工的付出来保障全局所需要的防疫物资生产和城乡流通服务，五类劳动者逆势而上：一是生产防疫防控物资人员；二是保障防疫及生活必需物资的物流供应人员；三是保障城市蔬菜交易市场正常的服务人员；四是快递、外卖、网约、寻呼服务、家庭服务业人员；五是火神山、雷神山和方舱医院等重点工程的建设者等。这些活生生的案例说明只要防护措施到位，保障生产服务和个人健康安全是可以同时做到，也为加强返城农民工防疫和复工提供现实依据。

第五，政府和企业出资实现"点对点"安全复工，农民工成为复产复工的宝贵人力资源。在农民工相对集中的地区，人社部会同公安部、交通运输部、卫健委、国铁集团，采取"点对点"对接农民工返城，通过"包车、包机、专列"

等有效办法实现"出家门上车门,下车门进厂门",安全复工,便捷复工,使快速复产的企业基本得到满足。政府和企业出资,让劳动者实实在在感受到了体面劳动、尊严复工,体悟到自己是宝贵的人力资源。

第六,外向型企业加快补链、扩链,出现"国内为主兼顾国际的供应链和产业链的双循环"的新转机。疫情的"时空转换"给防疫与复工的实践创新提出新的课题,当国内疫情高峰过去,防疫与复工"两不误"前行中,国际疫情大流行给复工造成猛烈冲击,复工中又遇下岗问题,稳岗保就业成为当务之急,"头部"企业率先从国内供应链中选优"补链"、带领中小企业"扩链""共享",老板员工抱团取暖、不裁员、以训代工、打通"堵点",构建以国内循环为主、国际国内互促发展的双循环供应链,成为新的实践创新。

第七,"四小"企业在艰难中努力复工复产、寻找新机遇。防疫与复工在餐饮、住宿、零售、文旅四大特困行业和众多小店铺、小工厂、小工程、小文旅等"四小"企业仍处特别困难期,复工难复市、复市难复销仍是急待攻克的难点,也是防疫与复工实践创新的发力点。在政府救助与企业自救合力攻克难点的过程中,一些小企业顺应新的变化,善于捕捉危机中的机遇,发挥"船小好掉头"的灵活性和善于应对的韧性,积极转型。

访谈人:此次新冠肺炎疫情对人们的工作和生活造成了很大冲击,也带来了产业运行的新变革,在您看来,疫情之下产生了什么样的新经济业态或新的产业组织方式?

杨志明:改革创新最大的活力蕴藏在基层、企业和劳动者中间,新事物、新动能、新做法在特殊时期应对困难中纷纷出现。

第一,先进制造业企业迅速投产口罩机和口罩,满足瞬时爆发的海量市场需求。疫情暴发初期,我国一些大型制造业企业迅速投产口罩机和口罩等防疫用品,破解原有定点工厂开足马力生产也不够用的难题、突破只能统收统分的传统思维模式,目前国内企业拥有每天生产上亿个口罩的能力。全球战疫中,我国成为世界最大的医用口罩出口国,并致力于打造占领世界口罩高端市场的国际品牌。这说明防疫中不能仅靠国家物资储备,大国要有"战时"的特别组织制造能力。战疫中,人智融合,还产生了人工智能训练师等新职业。

第二,建筑业装配式、模块化板式住房快速发展。从建火神山、雷神山模块板房医院，到中建山东投资公司高铁项目建万名农民工模块板房宿舍，既有效完成了重点工程建设，又解决了农民工返城隔离问题，改善了农民工住宿条件。当前，我国大力建设城市多元化租赁住房，包括适应现阶段外地务工经商人员的小户型方舱宿舍，这成为解决农民工住宿简陋问题的创新模式。新型建筑业中产生了装配式施工员的新职业，吸引新生代农民工学习新技术、新技能，有效改善了建筑业大龄农民工作业状况。

第三，现代服务新业态中创出无接触配送和网络直播营销服务。当前，我国平台经济快速发展，特别是使用线上订餐、线下机器人送餐、无接触供餐等新型服务模式，使餐饮业在创新服务中复工复产。快递业较早全面复工，疫情期间，大型物流企业"不打烊"，保障了广大居民居家生活物资的配送，网上购物及快递业务迅速增长，外卖行业率先复工复产，吸纳很多未就业人员。新业态的加速发展产生网约配送员和健康照护师等新职业，促进家庭服务业大龄女性农民工就业。

第四，线上活动进入活跃期。新冠肺炎疫情引发世界范围网络在线活动的热潮，疫情后几乎没有纯粹的传统行业，或多或少都有数字化、网络化的因素，智能科技将数据这一新的生产要素嵌入传统产业升级的全链条中，产生许多超乎想象的新事物。疫情期间，山西网络面食节应运而生，仅仅一个多月的时间线上集结近千家面食名企进行智慧展示，获得百商万企的青睐和近千万次的点击量，面食技艺各有特色、面食营销精彩纷呈、面食文化别具一格，引领健康饮食的新风向，充分彰显了创新则盛的市场经济定律。

第五，新型用工方式提高了劳动的精准配置。从就业方式多元化到实现高质量就业，需要我们从工业化时期形成的劳动合同制度走向后工业化时期、网络化时代的新劳动管理方式。疫情防控中出现弹性就业、零工经济、居家办公、共享员工、综合工时制等，有效解决了阶段性用工难问题，也初步实现精准就业。华晨宝马集团调剂整条组装生产线技工到天津汽车制造厂、盒马鲜生等借用餐饮企业员工，以及一些地方政府搭建共享用工平台，都提高了劳动力的精准配置，提升了复工率。

第六，创新政府服务方式，成为中国体制优势和战疫中的亮点。政府、企业、劳动者正在为全面复工复产而努力，科学防控中，各级政府人员切实下沉，跟踪防疫物资的发放和落实，体现出政府"爱人、护人、服务人"的服务思维。一切防疫举措都需要在实战中接受检验，体现在防疫中其是否发挥作用、复工复产中其是否见效。习近平总书记亲自部署、亲自指挥防疫，举国行动出击，树立起中国新形象，让国人信服、世人折服。

总之，我国从自身实际出发采取防疫和复工两条腿走路的独特方式，其中有许多经验值得总结和研究，防疫中创新发展的新经济、新管理将迎来上升机会，阶段性特殊政策的大胆尝试将有选择地转换成中长期制度安排，给国家卫生防疫治理能力现代化补上短板、填补上特殊时期应对之策的亮点。

访谈人：现在中央提出"六稳""六保"，其中稳就业、保就业作为最大的民生排在了首位，在您看来，下半年我国的就业政策应该有什么样的导向？

杨志明：千方百计稳岗保就业是今年经济工作的第一目标，下半年中央将以更有力的宏观政策对冲企业和劳动者受到的影响，将疫情带来的损失降到最低程度，将恢复和发展经济的潜力释放到新的高点。

第一，想方设法开拓复工复产新岗位。下半年需要通过政府购买和多方努力协同开发新增岗位，加大就业投入，新增百万公益性岗位，补充公共卫生防疫基层人员，延迟大学生毕业分配期至两年，延迟复退军人转业期一年，继续扩招百万职业技术学校学生，将一部分农村初、高中毕业生吸收到职业技术院校，关注贫困地区农民工就业和职业技术学校毕业生就业、增加灵活就业人员使用宽松度，开发数字经济、平台经济新职业岗位等。

第二，千方百计复工稳岗，稳住劳动者就业岗位基本盘。下半年应以避免发生大批工人大规模失岗为底线，稳住农民工就业也就稳住劳动者就业基本盘。应将稳岗补助与返还失业保险金、就业补助结合起来，尽最大努力将劳动者稳定在企业。针对未参加失业保险的700多万名下岗农民工，纳入城市最低生活保障范围内，发放低保生活补助，建立以常住地为主的低保政策创新，推进农民工市民化。扩大参保企业稳岗返还上年失业保险金范围，根据失业率变化情况，动态调整申领标准，根据企业困难情况和稳岗人员规模，研究建立阶梯式方案，提高返还比例，尤其对贫困地区农民工给予稳岗特别补贴，助力今年脱贫目标实现。

第三，建立各级政府对企业供应链上补链和优化布局上扩链的专项扶持。面对国际贸易环境变化，积极拓展国内供应链，建议财政、金融、就业政策综合发力，所需资金纳入复工复产援企政策"总盘子"，以优惠贷款扶持补链，以创业政策扶持扩链，双创扶持政策在特殊时期应有合乎时宜的新内容，尤其要加大对民营困难企业补链稳岗的支持力度。开展国内市场补链、扩链的同时，也在国际复工复产中注重恢复国际供应链，形成外向型企业可持续发展的国内国际产业链畅通的优化布局。

第四，加大对中小微企业量身定制的政策扶持力度。制定小微困难企业特别救助计划，减免税收。对特困行业企业给予定向救助，减房租，减网租，发放消费券，采用共享用工、特殊工时制等非常之策帮助企业渡过难关。低风险地区逐步放开对"四小"企业的营业限制，恢复企业活力，落实对因受疫情影响经营暂时出现困难的小企业不抽贷、不断贷、不压贷，对到期还款困难的，可实行展期或续贷等有效的救助政策措施，在特殊时期赋予双创扶持新的内容。降低担保费率，支持融资担保机构对疫情防控重点保障企业免收或降低担保费，加大再贷款再贴现支持力度。积极发展新就业形态和灵活用工方式，出台灵活就业稳就业政策。对于受疫情影响长时间未能就业的灵活就业人员，给予一定的生活补贴，社会保险费缴纳有困难的，可以缓缴或补缴，避免出现断保。

第五，对下岗职工大规模开展新职业、新技能培训。集中资金、集中时间、集中培训，将数字经济、平台经济、网约配送员、健康照护师、无人机装调检修工、铁路综合维修工和装配式建筑施工员等16个新职业作为转岗培训内容，将培训与职业技术教育改革相结合。对因种种原因错过上职业技术学校，但在劳动岗位实践中勤学苦钻并实际掌握一定技能的新生代和中生代农民工，经过速成培训和技能鉴定给予高级工、技师等相应职称；对培训期内与职业技校联办学习专业技术知识并经考核达到要求的，给予职业技术教育中专、大专学历，激励一大批新生代农民工的技能提升热情，在特殊时期提升技能，为产业升级、经济高质量发展储能。

第六，防范困难企业劳动关系风险，推动劳动关系稳定和劳资两利。强化劳动关系风险防控机制，对可能引发集体劳动争议的企业进行重点监测。要及时研究适应新型用工的养老、医疗、工伤和失业保险新办法，建立线上劳动争议调解平台。针对当前特殊时期劳动关系运行中出现的突出问题，要发挥人社部门牵头，会同工会、企联工商联"三方"协调劳动关系的作用。重视复工复产中劳动关系协调和延长假期中的工资等问题，注意新型劳动用工中劳动纠纷和没有劳动合同后怎样缴纳养老、医疗、失业、工伤等社会保险的问题。在稳岗保就业维护劳动者权益和维护企业恢复生产经营之间寻找新的共识和平衡，保护企业家精神，融合劳资两利。

第七，特殊时期注重劳动管理的创新。数字驱动与平台支撑下产生大量新型用工方式，同时也对劳动管理提出创新需求。下半年应加快研究现代服务新业态的新型用工管理暂行办法，研究新型用工参加养老、医疗、失业保险新办法，将依据劳动合同企业出大头、个人出小头，转变为平台按单出小头、个人出大头的专账管理办法，建立按单提成的职业伤害险，将过高的商业保险费降下来，试行网上调解劳动争议，探索劳动监管的智慧监察，助力弹性用工、零活用工、共享用工等新型用工方式发展。

第八，营造防疫与复工双兼顾、保就业的良好氛围。主流媒体连同新媒体共同发声，引导各地在做好疫情防控的前提下积极复工复产。加强对援企复工政策的宣传解读，让更多企业和农民工等劳动者知晓国家出台的新政策，提高政策覆盖面和普惠性，帮助企业渡过难关。制定农民工返城防疫手册和图解，明确防疫行为规范，及时总结疫情防控与复工复产的新鲜经验和可复制的有效做法。

第九，依靠改革应对变局、开拓新局。去除复工复产种种障碍要靠改革，应对断链、保供应链要靠创新，应急救助与中长期优化结构相结合，将复工复产有效做法升华为着眼长远的政策创新。从长期发展看，加快推进农民工市民化尤为重要和迫切，让越来越多的农民工融入城市，为其提供稳定的工作机会和良好的生活环境，减少城乡间大规模流动。大力发展城市适应农民工特点的租赁住房，小户型、低门槛，眼下可将城市空置的商品房，允许一门多户的改造，租期可顺延，也可租售结合，在基本完成"城中村"改造任务后，可将小户型租赁住房列入"十四五"城市保障房建设重点。

访谈人：今年3月20日，中共中央、国务院印发《关于全面加强新时代大中小学劳动教育的意见》（以下简称《意见》），明确提出要培养勤俭、奋斗、创新、奉献的劳动精神，并特别指出要"注重培育公共服务意识，使学生具有面对重大疫情、灾害等危机主动作为的奉献精神"。对此，您是怎么看的？

杨志明：2018年全国教育大会上，习近平总书记特别提出要加强劳动教育，"要在学生中弘扬劳动精神，教育引导学生崇尚劳动、尊重劳动，懂得劳动最光荣、劳动最崇高、劳动最伟大、劳动最美丽的道理，长大后能够辛勤劳动、诚实劳动、创造性劳动"。这个要求非常及时、非常重要。特别是这次《意见》以中共中央、国务院发文的形式推出,更说明了劳动教育很重要,重要的原因在于补上了教育的短板,德、智、体、美、劳必须都要保证。

不同的历史时期对劳动的认识是不同的。对劳动的最早描述出自《庄子》,其中描写了春耕春种的农业劳动情形;工业化时代,劳动的内容进一步丰富,包含了人力资源整合的内容,突出强调的是劳动创造价值、创造财富。这一点在亚当·斯密的《国富论》,还有马克思《资本论》的第一卷都讲到了。到了网络时代,劳动又有了新的内涵,劳动不仅创造价值,劳动还创造文明、创造智慧。前面讲到的几种"抗疫红利"包括在线教育、在线医疗、在线办公等,通过在线互动,隔而不离,精准服务,都充分体现了网络时代劳动的新形态、新内涵,所以,今天我们要强调劳动还创造智慧、创造幸福。就像习近平总书记一直说的那样,幸福是劳动创造出来的。

近日,习近平总书记做出重要指示,要求"坚决制止餐饮浪费行为""在全社会营造浪费可耻、节约为荣的氛围"。其实,"谁知盘中餐,粒粒皆辛苦"是每个中国人都会背的古诗,但是在日常生活中很多人都忽略了。学校的食堂浪费、企业的食堂浪费,还有餐饮业的堂食浪费等现象确实太严重了,触目惊心、令人痛心。这当然是因为今天的物质生活比以前富足了很多,社会大众的节约意识似乎有所淡漠,但这绝不能成为浪费粮食、浪费资源的理由。当前国际形势复杂,国内疫情、汛情叠加,脱贫攻坚任务尚未完成,培养勤俭节约习惯具有重要的战略意义和很强的现实意义。在学校劳动教育中加强勤俭节约精神的培养,在全社会倡导培养勤俭节约习惯,把勤俭节约、艰苦奋斗的理念内化于心、外化于行,破除奢侈浪费等不良习惯,是利国利民的大事。

新时代劳动教育不仅要讲勤俭、奋斗,还要讲创新、奉献。刚才我讲到了统筹做好疫情防控和复工复产中的实践创新,疫情之下产业运行方式的新变革,都离不开创新。可以说,没有创新就不会有疫情防控与复工复产统筹兼顾的中国模式,就不可能在全球疫情严峻的紧张情势下取得今天的抗疫重大成果。还有奉献的精神也很重要。此次抗疫,医疗、卫生、教育、服务各行各业从业者表现出来的奉献精神都可歌可泣。特别是农民工,他们身上表现出来的那种吃苦、耐劳、奉献、牺牲的品质,充分说明了中国的农民工相当优秀。比如,董茜在采访建设火神山、雷神山的农民工时问:"你是为了挣钱,还是为了什么?"我们的农民工说:"每天1500块钱,3倍工资,给的倒不少。我们刚回家三天,通知要来,二话没说就来了。就是想，平凡人要是有机会当英雄，也行！"这个讲得很好。

所以，我觉得今天提加强劳动教育确实很重要，中央的《意见》出台得确实很及时。一定要把劳动教育纳入学校教育体系中，切切实实教育大中小学生要尊重劳动、尊重劳动成果、热爱劳动人民，大力弘扬勤俭、奋斗、创新、奉献的劳动精神。

访谈人：中央印发《意见》后，近日教育部又印发《大中小学劳动教育指导纲要（试行）》（以下简称《指导纲要》），对推进劳动教育做了进一步部署。您对新时代劳动教育有什么样的期许？如何培养德、智、体、美、劳全面发展的高素质劳动者，以支撑中国经济的高质量发展？

杨志明：加强劳动教育对支撑中国经济高质量发展，建设知识型、技能型、创新型劳动者大军也非常重要。中国经济的转型发展需要一大批优秀的技术人才、技能人才支撑。中央的《意见》和教育部的《指导纲要》都讲到了职业院校的劳动教育问题，提出中等职业学校要"增强学生职业荣誉感，提高职业技能水平，培育学生精益求精的工匠精神和爱岗敬业的劳动态度"，这个提法很准确，导向很重要。

我曾专门讲过加强和创新职业技术教育的问题。这几年，我们国家的技能型劳动者在世界技能大赛的舞台上表现非常出色，一跃超过了在世界技能大赛中保持前列的韩国、瑞士等传统技能强国。上海在成功申办第46届世界技能大赛时，习近平总书记通过视频向大会致辞，他指出，世界技能大赛在中国举办，将有利于推动中国同各国在技能领域的交流互鉴，带动中国全国民众尤其是近2亿名青少年关注、热爱、投身技能活动，让中国人民有机会为世界技能运动发展做出贡献。世界技能组织主席西蒙·巴特利任认为，世界技能大赛能够向全世界的老师、家长、雇主展示"工匠精神"和职业技能培训的价值，让家长和老师意识到，通过职业教育、技能教育，自己的孩子或者学生也可以找到满意的工作，与受过大学教育的毕业生没有差别。

在弘扬工匠精神的热潮中，人们也越来越感觉到，要使职业院校师生和技能人才受到社会尊重，就要弘扬工匠文化，建立工匠制度。底气是工匠文化，基石是工匠制度。弘扬工匠精神，要有工匠文化支撑才更有底气，要有工匠制度支撑才更加持久。倡导工匠文化，就要尊重和奖励工匠，优秀技师可以实行年薪制、股权制和期权制，使技师和工程师享有同样的社会认可和待遇。建立工匠制度，就是要建立凭技能技术得到使用，凭创业贡献确定收入的制度，让广大技能人才想干事有机会，能干事有平台，干成事有回报，干大事可出彩，让更多青年看到学技术的红利，走上技能成才的道路。所以，在职业技术教育中加强劳动教育，增强职业荣誉感、提高职业技能水平、培育工匠精神和敬业态度确实很重要。当然，劳动教育不光是上职业技术学校，其他学校也要有劳动教育，从而培养各级各类的高素质劳动者。另外，加强劳动教育也不只是学校教育的事儿，与之配套的社会文化和制度的建立也很重要，社会各界也要加大宣传，组织各类技能大赛，带动广大青年走技能成才之路，为人才发挥作用、施展才华提供更加广阔的舞台。

（编辑：胡玉玲）

• 会议速递 •

新时代高校劳动教育实施体系构建的实践与反思

申继亮　刘向兵　周光礼 等

为深入学习领会习近平总书记关于劳动和劳动教育的重要论述，贯彻落实《中共中央 国务院关于全面加强新时代大中小学劳动教育的意见》精神和《大中小学劳动教育指导纲要（试行）》要求，扎实推进北京市高等教育本科教学改革创新重大项目——"新时代高校劳动教育实施体系建构研究"，2020年8月21日，由中国劳动关系学院主办的"新时代高校劳动教育实施体系"研讨会在北京召开，旨在汇报展示课题研究前期成果，推进国内高校劳动教育领域的学术交流合作。各级教育行政主管部门领导、高校及研究机构的专家学者、企业代表、媒体代表等50余人参加会议。

会议围绕"新时代高校劳动教育实施体系构建的实践与反思"这一主题进行深入研讨。教育部教材局一级巡视员申继亮教授、教育部高教司人文社科教育处处长张庆国、北京市教委高教处处长刘霄、中国教育科学研究院课程与教材研究所所长郝志军研究员、中国人民大学评价研究中心执行主任周光礼教授、池州学院校长柳友荣教授和中国劳动关系学院党委书记刘向兵、校长傅德印、副校长刘玉方、副校长刘丽红等出席会议。来自北京大学、中国人民大学、华东师范大学、重庆师范大学、池州学院和中国劳动关系学院的专家学者结合各自的研究领域及实践探索进行了深入交流。

◆ 领导讲话

劳动教育是使命、是工程、是难题！

申继亮

教育部教材局一级巡视员、教授

在这里，首先我要代表教材局对中国劳动关系学院刘向兵书记和各位专家对教育部劳动教育相关文件起草工作的支持表示衷心的感谢。

党的十八大以来，中央高度重视劳动教育，习近平总书记在多个场合多次提到了劳动和劳动教育的重要性，特别是在2018年全国教育大会上，明确提出了要构建德、智、体、美、劳全面培养的教育体系。可以说，习近平总书记在全国教育大会上的讲话，发出了新时代加强大中小学劳动教育的动员令。今年颁发了两个文件，分别是3月份《中共中央 国务院关于全面加强新时代大中小学劳动教育的意见》和7月份教育部印发的《大中小学劳动教育指导纲要（试行）》。这两个文件可以说对下一步如何开展劳动教育绘制了施工图。有了动员令，有了施工图，接下来进入新的阶段，就是要落地落实。如何践行劳动教育？今天这个课题非常重要，起到了示范带头作用，如何把中央的精神和要求落实、见实效，需要有一系列的工作，工作中重要的谋划就是通过课题来带动。

关于下一步行动，特别是针对高校，我想跟大家简要分享三句话。

第一句话，劳动教育是使命，需要担当。大家知道，劳动教育是党的教育方针，不是专项教育，不是专题教育。为什么说有了劳动教育的培养体系才是完整的？我认为，这里主要是要认清楚劳动教育的性质。第一点，我认为劳动教育是价值立场的教育。今天为什么要强调劳动教育？当下新的一代、年轻的一代，他们的价值追求是什么，是看重权、看重钱、看重人际关系、看重名利，还是更看重一个人对社会所做的贡献？这是一个根本的价值立场教育。习近平总书记反复强调，要尊重劳动者、尊重劳动成果，我觉得这是根本立场、价值取向上的教育。第二点，劳动教育是个体社会化的教育，一个人如何成为对社会有用的成员，成为合格的公民，这个途径是什么？当然，教育是重要的途径。教育里面再细化的途径是什么？我们认为是劳动教育。劳动教育把个人生活和社会生活有机地连接在一起，通过劳动教育，学生可以更好地认识社会，可以更清晰地认识自己所扮演的社会角色，所以它是帮助学生成功社会化的教育。第三点，劳动教育是优化育人模式的教育。多年来，我们一直希望解决应试的问题，也就是重知识、轻能力的问题。这一问题如何破解？我们认为关键要改变育人方式，破解死读书、读死书的应试现象。劳动教育不同于学习数学，也不同于学习历史等，劳动教育的突出特点是实践性，就像陈宝生部长讲的，"劳动是干出来的"。这种方式的改变，会有助于学生的全面培养。从这个意义上讲，必须把劳动教育做好。今天做劳动教育，也不是那么简单，特别在高校。我在大学工作过20年，还是有些感受的。劳动教育不是高精尖的课题，大家都觉得一说都懂，但是有多少人在拿不到课题的情况下依然能够热衷于劳动教育事业的研究，推动劳动教育工作的发展？评职称怎么算工作量？现在高校开展劳动教育的积极性在哪儿？这些都是有挑战的。一方面是劳动教育非常重要，另一方面是现在的工作体制机制可能都还不健全，但是这个事情又等不得。所以，回到刚才说的第一句话，劳动教育是使命，必须要有担当、有责任感。

第二句话，劳动教育是工程，要有谋划。开展什么样的劳动教育就会收获什么样的劳动教育结果，这个道理很简单。1949年以后，劳动教育实际上是没有停止过的，各个时期特点不一样。比如说，知识青年上山下乡，把劳动教育推向极端。这种劳动教育效果如何，带来的后果又如何？劳动教育很重要，但是怎么把握好劳动教育？这还是需要用心去设计的。

如何把劳动教育做好、设计好，我有四点建议。第一点建议，要强化劳动教育活动的育人意义。一定要注意两种现象，一种叫"有劳动无教育"。今年植树节大家种挺多树，种完就结束了，很多情况下有劳动、没教育，为什么种树？种树有什么收获？对我有什么意义？另一种叫"有教育无劳动"，有很多理论的讲授，有很多报告，但是没有身体力行的体验也不行。所以设计好劳动教育，首先要把握住劳动教育育人的指向，做到既要有劳动，更要有教育。第二点建议，要注重经历、注重历练。文件里明确了劳动教育以体力劳动为主，为什么这样？没有以体力劳动为主，劳动教育就不可能有经历，也就不可能有感受，纸上谈兵是不会有收获的。一定要把以体力劳动为主，让学生真正动起来、干起来做到位。第三点建议，要强化反思引导力，劳动教育不是干完活就完了，一定要对所做的事情有交流、有反思，去体会其中的意义和价值，可能有艰辛，也可能有收获的快乐。第四点建议，要注重与学生的切身利益相关。对大学生来说，那就是就业。我们设计的一系列劳动教育，一定要有助于他们将来的就业。这是第二句话，就是劳动教育是工程，要有谋划。

第三句话，劳动教育是难题，要有探索。为什么说是难题？现在孩子生活的大环境不一样了，天天看到的、听到的、欣赏的跟以前是不一样的。一夜暴富的思想并不是没有市场，不想劳动的现象也是普遍存在的，孩子生活的环境是不利于开展劳动教育的。在做国际比较的时候也可以看到，我们对劳动的尊重，对劳动文化的建设等，氛围还不够好。比如，现在所有家长、老师的第一期望肯定是孩子升学，这个无可非议，但这种希望会影响和掩盖对劳动的重视。可以问问家长：如果有时间，是安排孩子去劳动，去锻炼身体，还是去补习？我想大家都会有感觉的。另外，现在的劳动形态也不一样了，过去是学工、学农，现在都机械化、自动化了，劳动形态改变了，所以有人就会认为没有必要再提劳动教育，体力劳动都过时了，学了也没用。所有这些与以往不一样的思想，对倡导和开展劳动教育都是挑战。这种情况下怎么办？我想要特别强调一个词——探索。要在探索的过程中破解难题、制定制度。有些制度是强制性的，这没有商量的余地。比如生活自理能力的教育，有的国家就明确规定了一定年龄段的儿童要承担相应的劳动。有些制度是激励引导性的，比如评奖、展示交流等，需要制定政策引导大家去做。还有一些政策是需要鼓励的，可做可不做的，如果做了就给奖励，鼓励大家去做。所以强制性的、引导性的、鼓励性的一系列政策、制度都要有，这样才能建立劳动教育实施的机制，确保劳动教育持续开展，最终在每个孩子身上开花结果。

◆ 汇报交流

新时代高校劳动教育实施体系建构研究

刘向兵

中国劳动关系学院党委书记 研究员

今年3月20日，中共中央、国务院印发了《关于全面加强新时代大中小学劳动教育的意见》（以下简称《意见》）。7月9日，教育部印发了《大中小学劳动教育指导纲要（试行）》（以下简称《纲要》）。《意见》和《纲要》的先后发布，充分彰显了以习近平同志为核心的党中央对劳动教育事业的高度重视，不仅深刻阐释了新时代全面加强大中小学劳动教育的重大意义，也为各级各类学校全面构建体现时代特征的劳动教育体系、推动劳动教育落地生根指明了努力方向。可以说，当前社会各界重视劳动教育、大力推进劳动教育的良好氛围正在逐步形成。在这一背景下，新时代高校劳动教育该如何加强？其理论逻辑为何？操作体系如何？何以充分体现时代特征？这些问题不仅需要我们在学理上进行深入研究，同时也要在实践中提出解决之道，我们面临巨大的理论需求，劳动教育的学术供给必须跟上。所以，特别感谢北京市教委去年将我们申报的"新时代高校劳动教育实施体系建构研究"列为重大项目予以支持。下面，我代表课题组对我们近一年的研究成果做总体汇报，请各位领导、专家批评指正。

一 聚散为整：充分认识构建高校劳动教育体系的必要性

任何教育目标的实现，都离不开一套成熟、完善、科学的教育体系作为支撑。教育体系是为实现教育目标服务的，是指学校运行方式、运行规则，各方面的相互关联、相互作用、相互协调的建制。加快推动劳动教育在高校落地见效，同样需要科学构建高校劳动教育体系。但是从实际情况来看，目前高校劳育还处于"离散化"运行状态，一些高校尚未从"劳动精神面貌、劳动价值取向和劳动技能水平"三位一体的高度规划和设计劳动教育实施体系，使劳动教育在全校缺乏定位的全面性、推进的系统性。《意见》和《纲要》发布后，在高校劳育应该教什么、怎么教、如何体系化等问题上仍存在一些认识误区和实践偏差。

一是教育内容的误区。从内容上看，劳动教育可以看成"关于劳动的教育"，既包括正确的劳动情感、劳动观念和劳动态度的培养，也包括劳动习惯和劳动技能的培养等，承担着独特的教育任务。由于劳动教育在内容上具有思想品德教育和知识技能教育的双重属性，部分高校片面认为，大学的思想政治教育和专业教育本身就包含着劳动教育，导致劳动教育的独特育人价值被忽略，使劳动教育在推进中被弱化、淡化、形式化。

二是教育形式的误区。从形式上看，劳动教育可以理解为"通过劳动的教育"，让学生通过生产劳动的实际锻炼全面提升德、智、体、美的各方面素质。目前很多高校开展了实习实训、勤工俭学、社会实践、志愿服务、产教融合、创新创业等活动，这些教育环节可以在一定程度上检验课堂上所学的专业理论知识，在实践中提升学生劳动技能、培养劳动品德，具有明显的劳动教育功能属性。但是我们也注意到，有的劳动教育只是在"点"的层面开展，并没有把劳动教育贯穿到高校人才培养的全过程中，如重实践形态、轻课程教学，"有劳动无教育""单打一点"等，尚未形成全面加强劳育的"面"。

三是教育目的的误区。从目的上看，劳动教育是"为了劳动的教育"，这也是高校劳动教育的独特性所在。高等教育培养的是即将走向社会各行各业的具有社会责任感、创新精神和实践能力的高级专业人才，通过劳动教育可以培育学生辛勤劳动、诚实劳动、创造性劳动的品格，形成积极向上的就业创业观，提高完成相关专业工作的劳动能力以及在实践过程中分析问题、解决问题的能力，为大学生将来走向工作岗位奠定坚实基础。只有爱劳动、会劳动、懂劳动，才能形成终身受益的劳动价值观。但是当前一些高校还只是把劳动教育聚焦于劳动体验、劳动锻炼，如清洁宿舍、打扫校园，或走出校园学工学农等，出现"大中小学劳育混同化""大学劳育中小学化"的"补课"倾向。

高校推进和加强劳动教育既要看到劳动作为形式所具有的综合育人价值，也要看到劳动作为内容在大学生素质养成中的重要功能，同时还要看到劳动作为目的所具有的独特价值。要将高等教育人才培养体系中已经具有劳动教育属性的育人环节与新增劳动教育课程和实践活动进行衔接与融合，科学构建高校劳动教育体系。将劳动教育与思想政治教育、专业教育、创新创业教育、产教融合、实习实训、社会实践、志愿服务、校园文化建设等有机结合，聚散为整，体系建构，实现"关于劳动的教育""通过劳动的教育""为了劳动的教育"的有机统一。

二 融会贯通：全面把握构建高校劳动教育体系的理论逻辑

为构建高校劳动教育体系，我们可以从管理学的知识整体理论视角出发来深入研究这个问题。传统的知识二元论认为，知识是人类对客观事物运动规律的感性认识和理性认识成果的总和。感性知识指的是处于零散、个别、孤立、肤浅或不完整的感性认识阶段的知识，理性知识是达到理性认识高度的理论化、系统化、科学化的知识。知识整体理论则将知识进一步划分为"理性知识"、"感性知识"和"活性知识"三类。其中"活性知识"是基于情感和价值判断的知识，是人类对于价值重要性的认识，其重要功能是激活"理性知识"和"感性知识"，在实践中三类知识互相转化、不可分割，共同构成三元知识的有机整体。知识建构的整体性和动态关联性为构建新时代高校劳动教育体系提供了一种理论支撑。构建新时代高校劳动教育体系，就是通过劳动思想教育、劳动知识与技能培育和劳动实践锻炼的"三位一体"，实现"活性劳动知识""感性劳动知识""理性劳动知识"的融会贯通。

一是通过"活性劳动知识"的学习让大学生"爱劳动"。

活性知识以价值观、抱负和理性为基础，以情感、态度、动机、伦理等为表现形式，以追求自由为目的，是对事物重要性的认识。活性知识不仅是理性知识和感性知识互动的引导理论，同时也是学习过程的开端。活性知识的获取和学习本质上是逐步树立世界观、人生观、价值观的过程。"三观"一旦形成，就成为一种"先入为主"的立场和态度，成为一种思维定式和行为倾向，在实践中指导和支配着人的理想信念、价值取向、思想境界、道德操守与行为准则。

高校开展劳动教育的重要目标就是培养大学生树立正确的劳动价值观。高校应通过劳动思想教育寓"活性劳动知识"的学习于专业知识传授和能力培养之中，帮助学生理解和形成马克思主义劳动观，树立正确的劳动价值观和深厚的劳动情怀，培育热爱劳动、热爱创造的情感态度，培养诚实劳动的优良品德，做到深入、持久、稳定地"爱劳动"。正如在知识整体理论中活性知识的重要功能是激发感性知识和理性知识，在高校劳育中只有发挥好"活性劳动知识"的价值引领作用，才能将端正的劳动态度、优良的劳动品德与从事劳动所必需的"感性劳动知识"和"理性劳动知识"有机结合，在实践中不断创造财富、产生价值。

二是通过"感性劳动知识"的学习让大学生"会劳动"。

社会实践是学习和创造感性知识的重要途径。马克思认为："全部人的活动迄今都是劳动。"劳动与实践作为人类对象化改造世界的活动，具有本源上的内在一致性。劳动教育具有鲜明的实践育人属性，在高校中开展的创新创业、实习实训、专业服务、社会实践、勤工助学、"劳动周"活动等劳动实践锻炼，一方面可以加深学生对课堂上所学理性知识的理解，实现感性知识与理性知识的融会贯通，在实践中提高大学生的动手能力、学习能力和创新能力，掌握一定的专业劳动技能，培养良好的劳动习惯，积累职业经验，为将来走向工作岗位奠定基础。另一方面，还可以让学生在劳动过程中感受劳动的意义和快乐，发现和感悟关于生命、人生、价值等层面的道理，体会劳动创造美好生活，懂得空谈误国、实干兴邦的深刻道理，在面对重大疫情、灾害等危机时具有主动作为的奉献精神，实现"感性劳动知识"向"活性劳动知识"的转化和升华。

三是通过"理性劳动知识"的学习让大学生"懂劳动"。

高校加强劳动教育还要通过系统的劳动科学知识的教学，为大学生劳动素养的提升奠定坚实基础。这种"理性劳动知识"的学习和获取主要来源于两个层面。一个层面是大学专业教育。从教育内容来看，专业学习与劳动教育具有内在一致性。高校中的经管法类、文史哲类、教育学类、理工类、农学类、医学类和艺术类等专业的人才培养都是相关专业劳动知识和劳动技能的学习和培育过程。大学各专业知识的学习本身就是一种"理性劳动知识"的学习。另一个层面还要通过劳动教育课程进行系统的劳动科学知识学习。通过开设劳动教育专门课程，加强马克思主义劳动观、劳动伦理、劳动经济、劳动关系、劳动法、劳动与社会保障、职业安全与卫生等系统的"理性劳动知识"的学习，引导大学生正确认识劳动的现象和本质，正确理解劳动与社会的关系，正确把握中国特色劳动关系问题，真正懂得劳动创造价值、劳动关乎幸福人生的道理，从而使学生在"爱劳动""会劳动"的基础上"懂劳动"，懂劳动之义、明劳动之理、悟劳动之美。

三 知行合一：积极探索构建高校劳动教育体系的实践路径

有了科学的理论支撑，高校劳动教育体系的构建就有了源头活水。经过思考对比，我们认为，"活性劳动知识""感性劳动知识""理性劳动知识"三种知识的学习，一方面可以在高校既有教育教学体系中推进，在思想政治教育、专业课程教学、实践教育体系中"融入"劳动知识教育，可分别概括为"思政劳育""专业劳育""实践劳育"；另一方面也需要在高校教育教学体系中通过"嵌入"，增加劳动教育的板块，增设独立的劳动教育课程，可将其概括为"课程劳育"；同时，劳动教育推进中的学术研究也必不可少，可将其概括为"学术劳育"。

一是思政劳育。思政劳育在高校劳育体系中居于重要地位，在劳动教育中发挥着铸魂领航的重要作用。高校劳动教育与思想政治教育的目标具有相关性，内容具有关联性，将劳动教育与思想政治教育相融合，深入挖掘思政课程和教学方式中蕴含的劳动教育资源，有利于加强学生对"活性劳动知识"的学习，强化劳动教育的道德引领和精神塑造作用，帮助学生塑造和形成正确的劳动价值观、劳动态度、劳动品德，努力成为德、智、体、美、劳全面发展的社会主义建设者和接班人。

二是专业劳育。高校的各类专业教育都具有丰富的劳动属性和劳动指向，专业教育也是大学生学习和获得"理性劳动知识"和"感性劳动知识"的重要途径。将劳动教育与专业教育相融合，应充分结合不同专业特点、思维方法和价值理念，深入挖掘专业劳育元素，把劳动教育有机融入专业教育体系设计、课程教育和实践教育中，引导教师在专业教育中不断挖掘专业劳动精神，研究专业劳动伦理，探索专业劳动素质，搭建专业实践平台，强化专业技能训练，共同探索完善专业劳育教学体系，切实提升人才培养质量，让专业劳育成为高校劳动教育的磅礴力量。

三是实践劳育。高校社会实践活动包括社会调查、生产劳动、创新创业、志愿服务、公益活动和勤工助学等。在高校社会实践活动中，加强劳动教育不仅是"感性劳动知识"获取的重要途径，而且是验证"理性劳动知识"和升华"活动劳动知识"的重要手段，是高校开展劳育的天然场所。可依托校内、校外资源，充分发挥高校第二课堂内容丰富、形式灵活的优势，逐步形成第一课堂和第二课堂深度融合、彼此支撑的劳动教育育人体系。

四是课程劳育。开设劳育必修课，不仅是《意见》和《纲要》的重要要求，也是"活性劳动知识""理性劳动知识"获取的必由之路。开设专门的劳育类通识必修课程，帮助学生深刻理解马克思主义劳动观和社会主义劳动关系，掌握相关劳动法律法规，熟悉劳动关系的政策和运行机制，了解社会保障相关的法律法规和相关政策，由衷认可并尊重普通劳动者，形成共享发展、体面劳动的意识等。在课程体系上既可以包括"劳动的思想""劳动与人生""劳动与伦理""劳动与经济""劳动与管理""劳动与法律""劳动与社会保障""劳动与安全"等理论学习内容，也可以安排劳动新形态体验学习等，让大学生从理论到实践、从历史到未来，完整学习与未来职业发展密切相关的通用劳动科学知识。

五是学术劳育。构建高校劳动教育体系，离不开劳动教育学术的滋养。新时代劳动教育要求我们更加重视劳动科学的繁荣与发展,并把劳动教育作为一门学问来研究,通过运用科学的理论和方法,有目的、有计划、有意识地研究劳动教育现象和劳动教育问题,总结劳动教育历史经验、提出劳动教育前沿思想、研究劳动教育典型案例、解读劳动教育最新政策、进行劳动教育跨学科研究,引导教育者按教育规律办事,逐步构建符合中国国情的劳动教育学科体系、学术体系、话语体系。

总之,构建新时代高校劳动教育体系,就是要通过劳动思想教育、劳动实践锻炼、劳动知识与技能培育的"三位一体"实现"活性劳动知识""感性劳动知识""理性劳动知识"的融会贯通,实现"知、情、意"的"三位一体",实现"身、心、脑"的"三位一体",实现爱劳动、会劳动、懂劳动的"三位一体";通过"思政劳育""专业劳育""实践劳育""课程劳育""学术劳育"全面推进大学生劳动精神面貌的改变、劳动价值取向的端正、劳动技能水平的提高,画好大家一致关心、翘首以待的高校劳动教育"路线图"。

点评

池州学院校长柳友荣教授:我对刘向兵书记的报告,谈四点个人体会:一是很有思想,总体内容上把控得很好。二是在理论深度上挖掘得很好,不仅仅是劳动,还包括劳动教育,尤其是在这个报告中,由知识的结构推导出劳动教育如何开展,以及劳动教育如何实施。三是在逻辑上很严密,从整个报告的必要性到报告理论分析框架,到实施路径,有理有据,非常好。四是解决问题有效,在劳动教育方面,本人做了一些基础性的实践工作,在劳动教育实施过程中,可能遇到很多问题,从刘向兵书记的报告当中学到了一些解决问题的有效办法。

我觉得这个报告另有四个亮色:一是在内容上发现问题准,突出了"关于劳动的教育"。本人调研了9所小学、9所中学和9所本科院校,发现27所学校在劳动教育实施上各有不同的特点,包括没有开设劳动教育课程的(大部分没有开设)、开设的不是劳动教育课程的学校。劳动教育的内容到底怎么选择,各个学校都是碎片化的,没有成体系的思考。这个报告中,刘向兵书记非常明确地界定了劳动教育的内容体系,我觉得非常好。二是教育形式上有亮色,强调"劳动教育"。实践当中,劳动教育"去身体化"的现象非常严重。个人认为劳动教育更倾向于体力劳动,如果不是体力劳动,完全从脑力劳动起步,是达不到劳动教育的效果的。三是在教育目的上，刘向兵书记总结得非常好，"为了劳动的教育"。个人看来，劳动教育的目的是通过劳动的达成，在形成一定劳动技能的基础上，使人具有社会责任感、创新精神和实践能力，劳动教育破解了教育目的的外在性。四是"活性知识"解决了劳动教育方式归属的问题，解决了带动的问题。劳动中教育者必须在场，教育者如果不在场，不去做，把劳动分配给学生，让学生去种树，而教育者抱着手等着，这不具有教育性。教育者一定要在场参与。这也是劳动教育方式的变革，劳动教育不能变成规训，教师也要参与进来，一个简单的形式变化，可能结果就改变了。这是我在报告当中看到的亮色。

在高校，比如洗衣服，也是劳动教育。大学生应不应该洗衣服？我觉得应该洗衣服，它也具有劳动教育价值，但是对于大学生来说，价值可能很有限。有的劳动教育价值高，有的劳动教育价值低，高低不一样。如果同样是洗衣服，帮敬老院的老人们洗衣服，这样洗衣服就变成集体劳动，有很大的价值可以挖掘。不同的劳动都有一定的教育价值，但是高价值的需要在更多层面上去挖掘。因为目前劳动教育的延续性不够，中小学劳动教育是脱节的，现在高校在实施劳动教育时，确实要完成一定的"补课"。如果不去"补课"，生活自理能力都非常差，实施高阶性的劳动教育还是有难度的。当然刘向兵书记的着眼点在解决"关于劳动的教育"，这是高校一定要抓住的。劳动教育谁来教，教什么，怎么教的问题，现在是各个高校思考比较多的问题。这个课程谁来管理，怎么管，谁来教，怎么教，哪些人来教？我们有自己的探索，探索得到底怎么样，有待于在实践中验证。刘向兵书记在一定层面上解决了教什么、怎么教、谁来教，本人在报告当中很受启发。

让思政教育为劳动教育铸魂领航

杨冬梅

中国劳动关系学院马克思主义学院院长 教授

"思政劳育"是指将劳动教育与思想政治教育相结合，在思政课教学中探索劳动教育和思政教育有效融合的实践路径。近年来，中国劳动关系学院马克思主义学院在"思政劳育"方面进行了初步探索，并取得了一定成绩，我们的主要做法如下。

一 把握劳动教育融入思政课的四个关键点

（一）铸魂育人是"思政劳育"的初心和使命

"思政劳育"的初心和使命在于铸魂育人，其育人的核心在于铸魂。它是在塑造劳动观念、传递劳动知识、传授劳动技能、端正劳动态度和培养劳动习惯的过程中，注入并铸就"热爱劳动、热爱劳动人民"的思想健康之"魂"、注入并铸就"拥护中国共产党领导和中国社会主义制度"的政治理念之"魂"、注入并铸就"担当民族复兴大任的社会主义建设者和接班人"的使命担当之"魂"、注入并铸就"中国特色社会主义共同理想和共产主义远大理想"的理想信念之"魂"。

（二）中国化马克思主义劳动观是"思政劳育"的理念和内容

马克思主义劳动教育观注重教育与劳动相结合，并将其视为"造就全面发展的人的唯一方法"和"提高社会生产的一种方法"。中国共产党领导人民在革命、建设和改革的过程中，逐渐形成了中国化马克思主义劳动观和劳动教育观。

（三）高校思政课理论与大学生劳动实践的有机结合是高校"思政劳育"的基本方式

高校"思政劳育"的理论学习重在让学生理解和掌握思政课程中指导和引领"劳动教育"的基本理论主张，并作为行动的指南。实践锻炼重在将所学知识转化为真正有用的实际本领，形成良好的劳动习惯，弘扬劳动精神、劳模精神、工匠精神。

（四）"以理引劳、以劳促德"是把握好思政课和劳动教育关系的基本尺度

思政课与劳动教育之间存在着既相互联系又相互区别的辩证关系。一方面，两者的基本内容和功能定位各有不同的侧重，不能混淆。"思政课"的基本内容是思想政治理论及其实践，它承载的基本功能是思想政治教育；"劳动教育"的基本内容是端正劳动态度、传递劳动知识、传授劳动技能、塑造劳动观念、培养

劳动习惯，它承载的基本功能是进行热爱劳动和劳动人民的教育。另一方面，马克思主义的劳动观及其教育，是思政课内容的重要组成部分。两者在端正学生世界观、人生观、价值观上具有高度统一性。因而，以思政课思想内容之"理"引领学生的劳动志向，使学生在劳动活动中促进个人品德、家庭美德、职业道德、社会公德的养成与提升，注入并铸就思想政治素养的大德。这种"以理引劳、以劳促德"的互动互养原则，是把握好思政课和劳动教育关系的基本尺度，也是"思政劳育"的内在要求。

二 创新劳动教育融入思政课的四条有效路径

中国劳动关系学院马克思主义学院全体教师在研究探索劳动教育与思政课相结合方面做出了积极的探索与创新，总结提炼出劳动教育融入思政课的现实路径。

（一）"211模式"

中国劳动关系学院在"劳动模范、大国工匠进校园、进课堂"的思政课改革探索中总结出"211模式"，即由一位劳模和一位教师两人共上一堂课，阐述我国在某一行业或领域取得的举世瞩目的伟大成就、劳模在其中可歌可泣的默默奉献与创造这样一个主题，实现坚定大学生"四个自信"、提升思想政治素质、践行社会主义核心价值观的一个目标。

"211模式"为中国劳动关系学院实现"政治素质过硬、劳动情怀深厚、专业功底扎实、实践能力突出的高素质应用型人才"的人才培养目标提供了有力支撑。

（二）必修课与选修课相结合

中国劳动关系学院在思政六门主干课程中加入劳动元素，以劳动教育为切入点，将马克思主义的劳动观与新时代条件下的劳动观贯穿思政课全过程。在"中国近现代史纲要"课程中，伴随历史的进程，教学内容融入相关劳动者、劳动精神的阐述。如，在讲述新中国成立后生产建设的发展时，融入劳模制度的建立及其社会效应的阐释，使学生进一步体验劳动情怀，传播劳动文化，继承劳模精神。在"毛泽东思想和中国特色社会主义理论体系概论"授课过程中，深入挖掘党领导人民在革命、建设和改革的各个历史时期的劳动教育思想，尤其注重结合本校办学特色，把习近平新时代中国特色社会主义思想中的劳动教育思想，融入课程教学之中。在"马克思主义基本原理概论"课程中，在导论部分阐述马克思主义劳动观的学理渊源、历史底蕴、实践基础和精神实质；在唯物史观部分，结合劳动实践和劳动人民在历史变革中的作用，阐释马克思是如何"在劳动发展史中找到理解人类社会的锁钥"的；在政治经济学部分，结合马克思关于异化劳动的论述，阐明资本主义雇佣劳动的历史进步性和局限性；在科学社会主义部分，重点阐述劳动解放，劳动人民的解放和共产主义目标的一致性，从而坚定劳动教育的理论自觉和实践自信。在"思想道德修养与法律基础"课程中重点讲授劳动对于大学生思想品质的形成、道德情操的提升具有重要作用，进一步加强大学生劳动观教育。教师通过讲述劳模和工匠的故事，强化以科学劳动观为主线的大学生职业道德教育，引导大学生培育良好的劳动品德，形成正确的劳动价值观，提高大学生的职业道德认识。在"形势与政策"课程中加入当前劳动力市场的分析与发展展望等，通过"牢记初心使命 推进自我革命""激扬新时代爱国主义的磅礴力量"等专题讲授的形式，结合时下社会热点，将马克思主义的劳动观特别是习近平劳动观有机融入各专题教学过程中。

（三）理论与实践相结合

中国劳动关系学院马克思主义学院始终坚持"思政实践劳动育人"，通过在思想政治理论课实践教学中挖掘劳动教育元素，调动和激励学生运用思想政治理论课中所学的劳动理论，研究公益劳动和劳动教育相关领域选题，从社会劳动实践中培养学生发现问题、分析问题和解决问题的能力，思政课实践劳动育人成效显著。

（四）科研与教学相结合

中国劳动关系学院马克思主义学院始终坚持以科研为抓手，科研促教学，鼓励教师积极开展劳动教育相关理论研究。近三年以来，学院多位教师先后在《中国高等教育》《人民论坛》《思想理论教育导刊》《光明日报》《工人日报》等各大主流媒体平台发表学术论文数十篇，部分文章被各大主流媒体转载报道，引起较大的社会反响。

点评

中国人民大学马克思主义学院邱吉教授：基于刘向兵书记及杨冬梅院长的报告，本人分享四点体会。

第一是重构。刚才有一句话说得很对，教育体系的建构可能就是在中国劳动关系学院完成"两基"的问题，第一个是教育体系建构的基础理论研究，第二个是孵化基地建设。在"两基"上面，我们的学校将会成为未来劳动体系教育方面真正的架构师、架构基地。

第二是探索。劳动教育要贯彻到课程里面，今天给我的感触就是中国劳动关系学院马克思主义学院已经在这个方面走在了前面。如果说刘向兵书记的报告是总架构、总设计，是一张蓝图、施工图，那么杨冬梅老师的报告就是实实在在的一块砖，实实在在地砸下去了。所以我说的是探索，探索内容可能包括劳动教育、劳动观念如何切入整个教育体系，它实现了对过去传统耕读教育的创新性转换。此外是对新中国成立以来劳动教育创新式的发展，也是一种新的探索。所以在整个领域里面做了一种拓展性的、开拓性的工作。

第三是铸魂领航。杨冬梅院长在这里面把铸魂领航从育人理念到实践路径再到方式方法的探索讲得非常清晰。听完之后，我认为，隐含两条线，一条线是显性的价值引领，通过劳模精神、劳动精神、工匠精神等，包括"四最"价值观念来做领航；另一条是在方式方法方面，又把显性的引领隐含在四门公共课和其他社会实践的课程里面，是一个隐性的、嵌入的过程，起到了灵魂和方向的引领作用。这四门公共课真正实现了灯塔的作用，从第一部分思政劳育来讲，就是点灯的作用，而且也起到了灯塔和导航的作用。教育最重要的价值引领在哪里？就是点灯，有了灯塔，有了导航，整个教育就不会偏航。

第四是特色。中国劳动关系学院在这些年的实践探索里，在理论和实践教学上，已经取得了许多令人欣喜的成就，这些成就将会对其他高校在紧接着推进大中小学劳动教育，尤其是大学劳动教育的过程中，起到非常好的领航作用。

听完报告，我有两点感触与各位分享：一是在理论上要对劳动教育做进一步的阐释，因为从理论到观念还有一段距离；二是方式方法上的探索和改进。因为最终要落脚到生活和生命里面，生活和生命就是人对幸福的追求。我的期待是，学生在色彩里闻到香味，在香味里可以看见色彩的时候，价值教育和审美教育就融入学生的生命里面了，这样的教育才是朝气蓬勃、生命无限的。

以"专业劳育"凝聚起劳动教育的磅礴力量

姜 颖

中国劳动关系学院教务处处长 教授

"专业劳育"是依托、借助专业、课程，将劳动教育寓于、融入专业教育的教育实践活动。做好"专业劳育"，需立足于专业各自特点、思维方法和价值理念，深入挖掘专业劳育元素，把劳动教育有机融入专业教育体系设计、课程教育和实践教育中，以专业教育凝聚起劳动教育的磅礴力量。

一 人才培养方案中的专业劳育体系设计

人才培养方案是学校落实党和国家培养德智体美劳全面发展的社会主义建设者和接班人的总体要求，组织开展教学活动、安排教学任务的纲领性文件，是实施人才培养和开展质量评价的基本依据。2019年年初，中国劳动关系学院启动人才培养方案新一轮修订工作，从人才培养目标、课程体系设计、实习实践、第一课堂和第二课堂融合发展等多方面进行新的探索和尝试，扎实推进劳动教育。

（一）"劳动情怀深厚"的培养目标是专业劳育的出发点和落脚点

基于学校长期的发展历史和学科专业特色，中国劳动关系学院将培养"政治素质过硬、劳动情怀深厚、专业功底扎实、实践能力突出"的"德、智、体、美、劳全面发展的高素质应用型人才"作为人才培养目标，要求各专业结合各自专业特点予以落实。其中"劳动情怀深厚"，非常具有标志性，既彰显了学校办学的鲜明特色，又蕴含了中国劳动关系学院对劳动精神的深刻理解和对学生寄予的期望，使之成为开展专业劳育的出发点和落脚点。而实现这一目标，就需要把劳动教育作为重要内容落实到人才培养全过程，对专业培养目标、毕业要求做出精准的定位，以培养目标和毕业要求为导向反向设计课程体系。

在培养方案修订中，我们要求各专业在培养方案中将劳动教育作为人才培养体系的组成部分，探索劳动教育与思想政治教育、专业教育、创新创业教育、实践教学相结合的路径，构建劳动思想教育、劳动知识技能与劳动实习实训的劳动教育体系。

（二）课程体系及课程设计是专业劳育的核心

新修订的培养方案课程体系框架分为两部分：第一课堂、第二课堂。第一课堂由通识教育课程和专业教育课程构成，通识教育课程包括通识必修课程和通识选修课程。我们在通识教育课程中设置了"劳动教育"必修课，鼓励教师设置"劳动文化"等选修课。第二课堂包括素质教育专项课程和与学生素质发展相关的各类活动，学校教务处联合马克思主义学院、学生工作处、校团委、劳动教育中心等，面向全校各个专业统一设置专业劳育专项课程和活动。

专业课程群的设置，要求各专业组织教师深入挖掘专业课程中的劳育元素、专业劳动精神，研究专业劳动伦理、专业劳动素质，搭建专业实践平台，强化专业技能训练，将劳动教育有机融入专业教育中，探索构建有益于深化劳动教育的课程体系。

二 专业劳育的开展

专业劳育要落到实处，需要处理好劳动教育和专业教育、课程教学、专业实践的关系，需要在第一课堂、第二课堂的课程教学及实践活动中探索实施专业劳育的有效途径。

（一）开设劳动教育必修课和选修课

除了在"第一课堂"的通识必修课模块设置32学时、2学分的"劳动教育通论"课程外，还利用学校独有的劳模本科班的优势，组织劳模进课堂，与教师同台讲劳模故事，向全校学生开设"大国工匠面对面"通识选修课，用劳模的鲜活素材生动阐释新时代劳动的丰富内涵，弘扬劳模精神和工匠精神，涵养学生深厚的劳动情怀。我们还组建了在线课程录制团队，招募专业教师和精通文案设计的宣传推广人员，进行特色课程的录制与宣传，打造劳动教育的"金课"。

（二）修订教学大纲，深入交流研讨

在教学大纲的修订中，要求教师深入思考专业课程中蕴含的劳动教育元素，在专业课程中，强化本专业劳动伦理和劳动发展趋势教育。结合专业教育进行劳动知识、劳动精神、劳动价值观和劳动情怀的教育，构建具有本专业特色的劳动教育价值体系。以教学大纲对劳动教育内容进行规划，增强劳动教育的科学性、自觉性和规范性。

为促进教师对专业劳育的认识和交流，学校组织全体教师召开了专业劳育研讨会。研讨会上，来自不同专业、教授不同课程的教师，从各自的专业教学出发，分享交流了各自对专业劳育丰富内涵的认识。不同专业的思考互相启发，极大地开拓了教师们进行专业劳育的思路，增加了对专业劳动教育的信心。大家普遍认识到：专业劳育不仅仅是思想道德教育，其本身也是专业教育的有机组成部分，劳育与专业知识体系和职业技能教育密不可分；专业劳育不仅是理论、理念教育，更具有强烈的实践品格；劳动教育应如盐溶于水一样融入专业知识、专业理论和专业技能、专业精神的教育之中。

（三）在专业教育实践教学中强化劳动知识和技能训练

实践教学是深化课堂教学的重要环节，通过实践教学可以加深学生对课堂上所学理性知识的理解，熟悉专业设备、掌握操作技能，加深对本专业所对应的工作、所要求的能力素质的认识，提高动手能力、创造性解决问题的能力，积累职业经验，为走向职场奠定基础。

学校还在职业生涯规划和就业指导课中设置实践环节，明确劳动时间和内容，深入劳动现场，将劳动教育贯穿就业指导过程。邀请知名企业家、成功人士、劳动模范、普通劳动者等开设专业讲座、先进事迹报告、专业培训。通过深化校企合作，打造品牌化劳动教育实践基地，形成具有品牌效应、网络体系的"劳动教育实践平台矩阵"。深化产教融合人才培养模式改革，推动校企合作共建专业、共编教材、共设工学结合一体化课程及联合搭建实践平台，推行面向企业真实生产环境的任务式培养模式。

提高实践教学比重，利用寒暑假设置"实践与劳动"小学期，组织师生到企业、工会参加社会实践和调查研究。建立社会实践学分制、健全实践育人效果评价体系。结合专业特点，在学年论文、毕业论文、学生科研项目选题中加强劳动教育主题的引导。在各类学科竞赛活动中也融入劳动教育的主题和元素。

三 专业劳育的激励和保障

为扎实推进专业劳育，我们从项目、教学竞赛、成果奖励、教学质量评价等多方面加强对专业劳育的激励和保障。

（一）以项目支持孵化专业劳育成果

每年以项目经费重点扶持现有劳动关系学科建设，强化劳动法学、劳动关系与人力资源管理、劳动经济学、劳动与社会保障、劳动安全等关联学科的协调整合，发展职业卫生工程、劳动社会学等本科专业，找到各特色优势学科支撑劳动教育的学科生长点。

利用各类经费引导支持劳动教育课程和专业劳育的开展。2019年，以经费支持《劳动通论》教材出版的同时，又以专项项目资金支持专业教育与劳动教育相融合的研究和探索，如"劳动经济学专业加强劳动教育的实践路径探析""《酒店情境英语》创新型专业劳动教育改革初探"等多项探索专业课程与劳动教育相融合的项目都获得了立项支持。

（二）开展专业劳育主题的教学竞赛、成果奖励

为进一步加强教师队伍建设，鼓励教师采用多种方式进行有效的课堂教学，提高专业劳育教学水平，学校鼓励各教学单位组织各种类型的专业劳育教学竞赛，对优秀教学成果进行奖励。

（三）把专业劳育纳入教学质量评价体系

把劳动教育纳入教学质量评价体系，在学生评教、督导评教、管理人员评教中增设课程劳动教育评价指标，引导教师在专业课程中融入劳动教育。开展劳动教育质量监测，强化反馈和指导。在学生中开展专业劳育的过程中，注意把握学习的本质也是劳动，严抓学习纪律，培养学生认真学习的态度。

通过以上多方面的措施，学校从制度、组织到教学实践，全员、全过程、全

方位地有序推进专业劳育,取得了一定进展和成果。今后将在总结经验的同时,继续大力推进专业劳育,使其与思政劳育、课程劳育、实践劳育紧密融合,实现"政治素质过硬、劳动情怀深厚、专业基础扎实、实践能力突出"的人才培养目标。

点评

北京大学教育学院卢晓东教授:基于姜颖教授的报告,本人主要与各位分享四点体会。

第一,在《意见》和《纲要》出台之后,如何在高校的课程体系和教学计划之中落实劳动教育的基本要求?如何结合学校所处的地区实际、学科实际,积极地、创造性地开展劳动教育?实现劳动教育的育人目标,在劳动之中培养出社会主义建设者和接班人,是当下高校积极思考的重要问题。中国劳动关系学院对劳动教育有着战略性的前瞻布局,开始得早,思考得有深度,行动也有力量,在刘向兵书记的报告、杨冬梅院长的报告和姜颖处长的报告中,我们都深切感受到了这一点。

第二,在劳动教育的落实过程中,先行开设通识教育中的劳动教育通论课程,这是基本要求。在隐形课程的设计框架之中,把劳动教育的元素融入进去,有很多高校也有经验,刚才姜颖处长提到第二课堂,也注意到中国劳动关系学院特别有特色的劳模本科教育。我个人是特别期待所有的高等学校都能够招劳模入校进行学习,都能招退伍军人进行学习,改善整个大学的育人环境。在专业教育之中,如何根据院校特点、专业特点、地域特点、学生特点有机融入劳动教育是难点,在这一方面确实需要动员全体老师对劳动教育有所探讨、有所理解和行动,进而有所创造。中国劳动关系学院在这方面的工作方法,个人非常赞同,那就是召开了全校有关专业教育的老师们一起来讨论,逐渐形成共识和行动,学校也有教学竞赛成果奖励,促使理念落地。这个工作方法个人认为是目前劳动教育得以踏实落地,具有推广价值的工作方法。

第三,专业和劳动教育相结合的课程之中,主体是融合课程。根据不同的专业特点融合的成分有多有少,当下在专业实习实训以及真实劳动过程中,是劳动教育得以融入的重要渠道。如何提高课程的质量,促成劳动教育目标的实现,是课程建设的主要任务和着力点。对此中国劳动关系学院课题组已经有所思考和行动,个人觉得其中的关键点和难点,是关于学生的反思和研讨环节。各位注意到我们提到了"创造性劳动"这一新的概念,这是不同于20世纪50年代"上山下乡"运动的非常重要的一个点。各位如果认真分析创造性劳动，尤其是为什么要创造，其实必然有着对当下工具、当下劳动的程序以及现实问题的深入思考、深入交流，当然还有批判性分析。只有在批判性分析的基础之上，深度的讨论以及在批判性基础之上的建设性的参与才会促成创造性劳动。在创造性劳动之前批判性地思考和交流，个人觉得是劳动教育特别难以落实的难点。

第四，未来劳动教育的着力点，是在劳动教育课程之中对工具元素的关注，因为工具在不同的职业、不同的学科领域之中有着不同的呈现，所以对工具元素的关注，特别是对新技术中的劳动工具都需要特别重视，这是劳动转化为劳动教育的关键，是未来值得继续探讨的方向。

完善实践劳育机制 培育崇劳时代新人

许 涛

中国劳动关系学院学生工作部部长 副研究员

《中共中央 国务院关于全面加强新时代大中小学劳动教育的意见》中25次提及实践，强调要让学生动手实践、出力流汗，培养学生正确的劳动价值观和良好的劳动品质。2020年7月，教育部印发的《大中小学劳动教育指导纲要（试行）》中58次提及实践，指出高校在开展劳动教育过程中，要"结合学科专业开展生产劳动和服务性劳动，提高在生产实践中发现问题和创造性解决问题的能力，在动手实践的过程中创造有价值的物化劳动成果"。马克思主义实践观指出，实践是变革世界的客观物质活动，但从事实践的人是有目的、有立场、有价值导向的，实践的最终目的是满足实践主体的需要。

一 建构劳动素养评价机制，发挥实践劳育制度导向

（一）修订评价制度，着力培育劳动素养

为有效发挥劳动教育的制度导向作用，首先，学校修订了《学生素质综合测评条例》等相关文件，将劳动教育实践内容融入学生综合素质测评的评分体

系。内容包括：一是加入劳动素养方面的内容，引导学生积极参加各项劳动教育活动；二是在综测奖励加分项中突出劳动实践成果，对有劳动教育学术成果、获得优秀青年志愿者等荣誉称号的学生予以加分。其次，特别增设"劳动之星"单项奖学金，鼓励劳动奉献，提升劳动素养，构成德、智、体、美、劳完善的奖励体系。此外，在勤工助学岗位中评选"勤工之星"，鼓励贫困学生通过诚实劳动和辛勤劳动改善学习和生活条件，实现自身价值。

（二）创制劳动记录卡，完善劳动评价体系

通过学工系统制作线上学生劳动实践记录卡，记录学生在校期间参加劳动课程、讲座、活动、实践、科研和志愿服务等全部劳动实践轨迹，全面反映学生劳动素养，实现学生劳动教育可记录、可测量、可呈现、可评价。

（三）设置劳动委员，强化基层学工抓手

在学生班级中设置劳动委员，以此作为学校在学生基层组织——班级层面开展劳动实践活动的主要抓手。劳动委员主要协助辅导员、班主任带领全班学生开展劳动教育理论学习，参与学校的各项劳动实践活动，在劳动实践记录卡上记录全班学生参与劳动实践活动的情况。

二 完善第二课堂育人机制，形成崇劳文化氛围

（一）丰富劳动文化活动，把握实践劳育重要阵地

学生参与、组织各种学生活动的过程就是非常直接的实践劳育。学校开展劳动教育，丰富第二课堂劳动文化活动。例如，组织主题班会学习习近平总书记"回信精神"和全国教育大会中关于倡导劳动、劳动精神的论述；邀请劳模座谈；组织参观劳动教育基地，开展关于劳动精神的大讨论、征文、演讲、劳动快闪、劳动主题话剧等活动，组织学生到街道、服务机构等从事志愿活动等。同时，学校以"爱劳动拼搏趁青春，抗疫情勇做新青年"为主题创新开展系列劳动文化节活动；每年举办劳动主题的诗歌朗诵大赛，邀请劳模本科班学员参与其中，让学生和劳模一起为劳动喝彩。

（二）浸入式劳动实践，提升劳动实践能力

除结合学科专业建立稳定的社会劳动实践基地外，中国劳动关系学院还建成"学生事务一站式服务中心"和劳动艺术实践基地，鼓励学生自主劳动，参与其基本运营工作，提高学生"自我管理、劳动助人"的能力。

（三）鼓励参与志愿服务，弘扬实践劳育奉献价值

在学校劳动实践中，以"志愿+劳动、志愿+劳模、志愿+网络、志愿+专业、志愿+赛会"为理念，鼓励和引导学生劳动奉献、热心公益，参与志愿服务实践。在学生志愿服务实践的过程中，学校建立指导团队，注重对学生劳动态度和劳动思想的引导，使学生在志愿服务过程中能够通过自身的劳动和付出，奉献社会。

三 促进就业创业融入机制，培育社会主义劳动者

（一）加强就业指导，提升劳动素养能力

近年来，高校毕业生出现"慢就业""缓就业"的现象，部分学生认为劳动单纯只是获得报酬的手段，忽视了劳动在经济价值之外实现个人价值、社会价值的积极意义。在就业困难的学生中，两种问题比较常见，一类是眼高手低，追求劳动的高回报率，看不起普通劳动；另一类是缺乏劳动目标，因缺乏劳动实践锻炼难以正确评估自身的劳动实践能力，导致求职时畏手畏脚，求职意愿受到影响。

针对类似的问题，学校在劳动实践育人中，更加重视就业指导工作，邀请知名企业家、劳动模范、普通劳动者等开设专业讲座、先进事迹报告，让学生在榜样的成长历程中体会劳动的价值。同时，深化校企合作，打造品牌化劳动教育实践基地，形成具有品牌效应的"劳动教育实践平台矩阵"，让学生在实践中掌握劳动本领，塑造"勤奋劳动、诚实劳动、善于劳动"的毕业生形象。

（二）拓展创业平台，助推劳动创新创造

加强对学生就业创业社团的指导，举办创新创业讲座、沙龙、路演、创新创

业设计大赛等实践活动，全方面促进学生主动劳动和提升学生实践劳动能力。学校还加强创业园建设，指导学生结合专业开展创新创业项目实践活动，为创业团队提供免费的创业园区办公场所和条件，聘请校内外创新创业导师，向项目团队提供创业基金，使学生在实践中体验创新劳动。

四 推行榜样示范机制，凸显实践劳育特色

（一）选聘劳模辅导员，助推劳动育人

学校充分利用"劳动模范在身边，大国工匠在校园"的独特优势，将劳动模范精神与思想政治教育工作深度融合，聘任两批劳模兼职辅导员，通过劳模学员与学生手牵手、心连心组织劳动教育主题班会、沙龙等方式，让学生深入感知劳模精神。学校还支持辅导员联合劳模兼职辅导员以"劳动教育"为主题，建设劳动类特色"辅导员工作室"。同时，学校鼓励劳动模范作为劳动实践活动的参与者、指导者，营造学习劳模精神的校园风尚，邀请劳模校友回校做讲座。

（二）深厚劳动情怀，尽显使命担当

学校注重将劳动教育与基层就业工作相融合，将工作前移。从新生入学开展劳动教育之时，便宣传基层就业项目的重要意义，对有意愿的同学从大学二、三年级开始提前关注，积极导向，重点培养，使毕业生树立服务国家人民的社会责任感。学校基层就业率在北京市高校中名列前茅。自2015年以来，学校已有8名毕业生在新疆阿克苏、克州地区工作，22名毕业生在西藏拉萨等地区工作。

长期劳动教育的结果熔铸了学校学生深厚的劳动情怀。中国劳动关系学院2013届人力资源管理专业优秀毕业生赵军章就是最好的例子。2019年9月20日中央电视台《焦点访谈》栏目报道了他的事迹。2016年12月，赵军章主动请缨到青海省化隆县深度贫困村上吾具村，奋战在扶贫攻坚第一线。2018年3月，他被选派为上吾具村驻村第一书记，带领上吾具村脱贫摘帽。上吾具村被评为基层党建示范村、民族团结创建示范村等。赵军章也被评为青海省脱贫攻坚工作先进个人。校庆期间，赵军章专门回母校为学弟学妹开展"奋斗基层正青春"主题讲座，让关注民生、扶助贫弱的深厚劳动情怀，在中国劳动关系学院学子中代代相传。

点评

重庆师范大学廖辉教授：刚才许涛研究员做了精彩的分享，给我们提供了深度的关于劳动教育的院校研究和本校行动典型案例。在教育一线，我们一再强调劳动教育被淡化和弱化，我认为还应该再加上两个"化"，就是被虚化和异化。实施体系应该是劳动教育当中的核心、重心，也是关键，任何改革都需要实施来落地落实。许涛研究员从劳动素养的评价、第二课堂的开设、就业创业和榜样示范四个方面来构建劳动教育的实践机制，我觉得是抓住了关键、抓住了重心，也抓住了核心。

关于劳动素养的评价，我们在《劳动教育评论》上发表过一篇关于中小学劳动素养评价体系构建的文章，团队的观点就是劳动教育是促进学生劳动素养提升的教育，高校的劳动教育也应该是提升劳动素养的教育。所以说，报告提出建构劳动教育的评价体系，实现以评促教、以评促学，个人觉得是非常重要的，今后你们也可以构建这样的高校劳动素养评价机制、评价体系。

关于第二课堂，我非常欣赏袁隆平院士的一句话，"书本上种不出水稻"。我想劳动教育在讲台上也是讲不出来的，需要第一课堂和第二课堂的有机结合，才能很好地落实落地，如刘向兵书记说的那样，把学生培养成"爱劳动、懂劳动、会劳动的社会主义事业的建设者和接班人"。我们一直强调劳动教育有树德、强体、育美的功能，能不能转变一种思路，德育、智育、体育、美育对劳动教育又有什么作用呢？我觉得它们应该是双向建构的关系，最终实现"以劳促创"，体现素质教育的核心和灵魂。创新精神和实践能力，也是劳动素养的本质。

刘向兵书记高屋建瓴地构建了"1+8"劳动教育实践体系，从感性知识、理性知识、活性知识的整体知识论出发构建科学的、严谨的理论框架，给我们提供了一个顶层设计蓝图。在实施过程中，比如说实践劳育，刘向兵书记的PPT中有实践教学、社会实践、创新创业、劳动月，后面打省略号。我们构建劳动教育体系的时候，是不断完善的、不断改进的，是没有终点的，只有更好，没有最好。

我觉得应该从两个方面构建实践劳动教育体系，就是课程体系和教学体系。从课程体系的角度，考虑如何设置它的目标、内容、管理、评价，刚才许涛研究员也谈到了评价。比如说课堂创新创业，要结合学科专业，构建实践课程体系、实践教学体系，将实践教育体系落实落地。在实践过程中处理好教学科研、社会服务和劳动教育之间的关系，这是非常重要的。

前一段时间,我带队到中国劳动关系学院学习,当时做了笔记,我今天也认真做了笔记,就是现在大学劳育中小学化,高校的劳育优势、特色、问题到底是什么?现在还没有很多相关的研究成果,中国劳动关系学院刘向兵书记的项目给我们提供了很好的思路和方法。在构建实践劳动教育体系的过程中,用这样一句话总结是否恰当,需请教各位:第一价值引领,第二学生中心,第三盘活资源,第四优化接口,第五建构体系。它是一个系统的工程,是整体化的推进,不是技术层面的。但是我们一定要思考一个问题,就是以学校为主体、家庭为基础、社会为支持,它们之间的关系谁来统筹?如何进行更高一层的制度设计?我觉得都是需要思考的。

有这样一个问题请教诸位,许涛研究员做了统计,《意见》当中有25次提及实践,《纲要》当中58次提到实践,实践、活动、劳动的内涵和外延是什么,到底实践、活动和劳动之间的关系是什么?这个问题对构建体系是非常关键的。

让课程劳育担当劳动教育的特殊使命
——新时代高校劳动教育课程怎么开、怎么讲

李 珂

中国劳动关系学院劳动教育中心主任 研究员

2020年3月20日中共中央、国务院印发的《关于全面加强新时代大中小学劳动教育的意见》明确要求,"普通高等学校要明确劳动教育主要依托课程,其中本科阶段不少于32学时"。教育部印发的《大中小学劳动教育指导纲要(试行)》要求,"普通高等学校要将劳动教育纳入专业人才培养方案,明确主要依托的课程,可在已有课程中专设劳动教育模块,也可专门开设劳动专题教育必修课"。中国劳动关系学院将"劳动教育通识课"作为劳动教育的必修课程,下面就劳动教育课程为什么开、怎么开、效果怎么样三个方面做一简要汇报。

一 高校劳动教育必修课为什么开

开设劳动教育必修课程是明确并保障劳动教育地位的必要之举。课程是人才

培养的核心要素，是学生在大学里受益最直接、最核心、最显效的环节。劳动教育必修课程是实施劳动教育、实现培养目标的基础和关键，同时也是保障学生形成系统性、结构性以及发展性劳动素养的主要载体。没有这个平台和载体，劳动教育很有可能放任自流，成为空中楼阁。新时代劳动教育已从以往促进人全面发展的途径提升为与德、智、体、美并举的全面发展的教育体系的一部分重要内容，必须依托一定的课程系统落实相关内容。因此，设置必修课程充分反映了劳动教育的重要性和教育实施的现实性。

开设劳动教育必修课是落实新时代劳动教育新要求的重要途径。新时代劳动教育在价值定位上，首次强调了劳动精神面貌、劳动价值取向和劳动技能水平的"三位一体"。其中，"劳动价值取向"是明显不同于以往的新要求，而要塑造学生的正确劳动价值取向，一定离不开系统的劳动观教育。因此，新时代劳动教育在内容上突出强调了劳动观念的教育，多次提到"使学生能够理解和形成马克思主义劳动观"，"引导学生树立正确的劳动观，崇尚劳动、尊重劳动"。正确劳动观的养成，固然离不开广泛的劳动实践、真切的劳动体验，但也离不开系统的劳动认知、理性的价值判断，离不开作为知行合一重要环节的"知"的过程，即通过课堂教学环节，使学生掌握关于劳动的理论和知识，不仅爱劳动、会劳动，更要懂劳动，明劳动之理、悟劳动之美。

开设劳动教育必修课是加强新时代公民素质教育的应有之义。劳动是公民的基本权利与义务，作为公民，首先要是一名合格劳动者，还能够在劳动中正确地建立自己与社会、他人的关系，能从人与自然、人与人、人与社会和谐发展的角度认识劳动的价值及所应遵循的伦理尺度，由衷地尊重其他劳动者。劳动素养是现代社会合格公民的基本素养，对学生劳动素养的培养应该成为大学通识教育的内容。

二 劳动教育必修课怎么开

在课程定位上，"课程劳育"是实现劳动教育独特育人价值的专门阵地，承担着系统加强劳动教育的特殊使命，并与"思政劳育""专业劳育""实践劳育"各有侧重、协同支撑。学校2019年修订人才培养方案时，在大学一、二年级学生中增设劳动教育通识必修课（32学时，2学分），系统进行马克思主义劳动观教育，普及大学生未来职业发展必备的通用劳动科学知识，在中小学"爱劳动、会劳动"的基础上，着重在"懂劳动"方面加强培养。

在师资遴选上，立足学校劳动学科比较齐全的学术共生优势及劳模培训优势，从全校相关专业教师队伍中遴选骨干师资，讲授劳动科学的理论知识；再从劳动模范和大国工匠中遴选一定师资，分享劳动事迹。

在教材开发上，中国劳动关系学院与高等教育出版社合作出版《劳动通论》，并以此作为首部高校劳动教育示范性教材，本教材以普及劳动科学知识、提高劳动科学素养为着眼点，把劳动科学发展和劳动实践需求两个维度相结合，系统介绍了劳动学科领域相关学科的基本知识，旨在引导新时代大学生坚定树立马克思主义劳动观，正确认识劳动的现象和本质，正确理解劳动与社会的关系，正确认识与处理中国特色劳动关系问题，真正懂得劳动创造价值、劳动关乎幸福人生的道理。

在内容安排上，注重学习马克思主义劳动观、习近平总书记关于劳动和劳动教育的重要论述，理解中国特色社会主义和谐劳动关系，普及与大学生职业发展密切相关的通用劳动科学知识，如劳动与人生、劳动与法律、劳动与伦理、劳动与社会保障、劳动与管理、劳动与未来等。在学习理论知识的同时，每学期开设两次劳模大讲堂，让青年大学生近距离聆听劳模故事、观摩劳模技艺、培育劳动情怀、树立职业理想；参加一次劳动实践体验，或者在校园里，或者到学校附近的工厂、农场、军营进行劳动体验，巩固加强劳动教育课程的教学效果。

在讲授方式上，受疫情影响，劳动教育通识课首次开课只能用录播方式，2020年春季学期已有587名大一学生结课，秋季学期将有645名大一学生在教务系统教学平台完成16周、32学时的必修课程。线上教学教师以录播形式授课，线下教学以面授形式授课，线上有远程讨论，线下有面对面互动，实现线上与线下相结合，增加学生对劳动教育课程的兴趣，提高学生学习效率。

三 劳动教育课程效果怎么样

课程结束以后，学校对587名在课学生进行问卷调查，回收问卷487份。调查结果如下。

在学习收获上，96.7%的同学认为本门课程让自己深化了对马克思主义劳动观的认识；97.1%的同学认为本门课程让自己掌握了一些与未来职业发展相关的劳动科学知识；97.5%的同学认为本门课程让自己更好地了解了劳动关系协调与治理的中国特色；97.3%的同学认为本课程让自己更好地了解劳动科学基本体系。

在内容关注上，被调查学生认为，学完这门课以后，印象最为深刻的内容依次是"劳动与法律"（10.7%）、"劳动与人生"（9.7%）、"劳动的思想"（9.5%）、"劳动与心理"（9.2%）、"劳动与社会保障"（8.1%）。

在学习兴趣上，据被调查学生反映，他们还想进一步学习的内容依次是"劳动与法律"（12.7%）、"劳动与心理"（9.6%）、"劳动与经济"（9.2%）、"劳动与未来"（9.2%）、"劳动与社会保障"（8.7%）。

在内容建议上，大学生认为教师授课中应多讲一些具有趣味性并与大学生生活密切相关的案例；也希望能够拓宽知识视野，增加对未来职业发展的指导。

在课程传播上，学校与超星平台合作，同步开发网络视频公开课，进入全国高校网课资源库。《劳动通论》教材也得到全国诸多高校及教育机构的认可和好评，已有中国人民大学、北京师范大学、厦门大学、吉林大学、南京审计大学等30多所高校参考借鉴。

学校已将劳动教育课程和教材建设纳入"金课"建设范围，秋季学期，将实行线上线下混合式教学，按照高阶性、创新性、挑战度的要求打造"精品"课程，进一步扩大学校劳动教育课程和教材在社会上的影响力。

点评

中国教育科学研究院课程与教材研究所所长郝志军研究员：众所周知，在课程教学领域有一句话，即课程改革是整个教育改革的核心。这在基础教育阶段尤其明显，个人觉得在高校也是这样的，有学科、有专业，怎么落实？主要渠道就是课程。学校办学理念有很好的蓝图、很好的规划，怎么落实？最实的就是统筹课程、统筹教学。课程建设、课程体系是无可替代的，课程建设在学校育人体系中，应该具有第一个特征，即标杆性。为什么是标杆性？比如高校搞教育质量评价，质量评估很重要的指标就是学校的专业建设和课程体系是否与培养目标相一致，这是很重要的方面，是标杆性的。一定程度上讲，课程体系的质量直接影响着学校的育人质量和学生的发展质量，承上启下，也是左右相互关联的，学校、家庭、社会，也联系育人目标和具体实践活动，它们是中间环节，即中间性，它还具有实体性。

从这个意义上讲，李珂研究员的报告对课程价值定位把握得很准，体现出两个特点。一是他的报告是课题总框架下的一个组成部分，课程的定位很准，具有政策依据、学理依据、现实依据，当然现实依据也是时代依据，定位很准。为什么开设这门课？中国劳动关系学院在这方面发挥出了优势，第一步走得很好。二是体系很实，体系不是空的，干货满满，不是架子，课时、内容、方式和路径都是很实的，实施有力，效果明显。学生通过这门课的学习，增强了对马克思主义劳动观的认识，同时强化了对专业知识的认识，所以下一步强烈地期待，在现有劳动教育必修课开好的基础上，还能够与相关的专业课相融合，在发挥好课程劳育特殊使命的同时，也要发挥好课程劳育的通用性、一般性使命。劳动通识教育是通识课程，在发挥好独特的、特殊性使命的时候，更应该发挥好它的一般性和通用性的使命，这样通用课程就融入其他专业课。同时在爱劳动、懂劳动、会劳动三位一体总体框架下，又进一步开发相关的课程，以通识课程、专业课程、融合课程和活动实践课程为组成部分，形成相对完整的课程体系，期待着中国劳动关系学院可以做得更好，谢谢！

◆ 总结点评

深入开展高校劳动教育的倡议

周光礼

中国人民大学评价研究中心执行主任 教授

今天会议内容特别丰富。本人讲三点感想。

第一点，今天会议的主题是高校劳动教育，所以，我认为首先要认识高校劳动教育的独特性。劳动教育有一些共性的东西，比如思想性、实践性、反思性、渗透性，这些都是共性的。高等教育与基础教育是有区别的，且有两点本质上的区别。第一个区别是学术性，学术性是高等教育与基础教育的差别，如果把基础教育看作简单的知识再生产，那么高等教育就是扩大知识再生产。第二个区别是，基础教育比较关注教育自身，关注教育的过程、人才培养的过程，高等教育则关注教育和社会之间的关系，关注高等教育与工作世界之间的关系。所以，根据第一个不同，可以归纳出高等教育劳动教育的第一个特点是创造性，第二个特点是职业性，即高等教育与工作世界的关系。高等教育的劳动教育是育人和育才的统一，是符合习近平总书记在北大讲话提出的人才培养的辩证法的。进一步从学理上解读，习近平总书记所讲的育人，是讲劳动教育要指向学生的精神和灵魂，是塑造劳动的价值观，这是育人的角度。劳动教育还有很重要的功能即是育才，劳动教育要培养学生的劳动技能、谋生技能，使其毕业后走向社会能够适应社会。所以劳动教育就是育人和育才相统一，这是人才培养的辩证法。

第二点，高校劳动教育必须体系化。在没有提倡高校劳动教育之前，高校里面有一些支离破碎的劳动教育元素。现在提出"五育"融合，就需要把支离破碎的元素整合、体系化。这里，我认为有五个方面很重要。第一个是团队建设，也就是谁来实施劳动教育。这一点可以对标美育，中央文件和教育部的文件规定美育是 32 个学时，劳动教育也是 32 个学时，它们是一致的。我所在的中国人民大学成立了公共艺术教育中心，按照本科生的编制，专任老师至少需要 10 位，因此，可以参考借鉴。同时，团队建设还应该是一支专职和兼职相结合的队伍。第二个是内容建设或者课程建设。内容建设里面有一门专门的通识课程，是 32 个学时的课，还要渗透到专业教育中去，同时还有实践课程，关于课程体系如何整合在一起，这也是需要进一步研究的。第三个是评价体系。评价是指挥棒，没有评价就没有管理，没有评价就没有问责。2020 年 6 月 30 号，中央深改委专门发布了新时代教育评价改革的总体方案。由中共中央专门发一个教育评价的文件，可以看出评价作为指挥棒特别重要。因此，高校劳动教育要落实，一定要注重评价体系的建设。第五个是组织的支撑，即组织的目标与结构。劳动教育如果不能转化为组织的目标，是落不了地的。而确定了组织的目标，通过什么样的组织形式来保证劳动教育的实现，这也可以模仿美育。美育专门成立了中心，高校也应该成立劳动教育中心，由专职和兼职教师共同组成。第五个是组织的价值观。劳动教育能不能转化为组织的价值观，在组织的价值判断里面有没有地位？在目前看来似乎是没有地位的，因为按照德、智、体、美、劳的顺序，它是排在第五位。在现在大学的价值观里面，劳动教育还是比较边缘化的，因此，通过中国劳动关系学院的实践，能不能树立、塑造、再造组织的价值观，还需要进一步探索。当价值观确定了，接下来就是如何通过激励机制的设计，使人们重视劳动教育。

  第三点，下一步要深入开展高校劳动教育。2020年8月20日成立了全国美育教育指导委员会，劳动教育也需要成立全国高校劳育教学指导委员会，加强劳动教育的研究、咨询、评价等。劳动教育要学科化，要设立劳动教育学科。最近国家把学科从13个门类变成14个门类，第14个门类是交叉学科门类。我认为劳动教育一定要进行交叉学科的研究，希望劳动教育变成交叉学科门类下面的一级学科，这样才会有依托。同时，请开展劳动教育比较好的高校牵头成立全国高校劳动教育改革协作组，定期开展活动，同时要创办劳动教育期刊，目前看来，中国劳动关系学院在这方面已经走出了第一步。还要建立全国高校劳动教育案例库，因为案例是可以复制和推广的，还可以开办高校劳动教育教师的高级研修班，把共同体建立起来。

（本文领导讲话和专家点评为会议录音整理稿）

（编辑：宗　诚）

• 理论前沿 •

美丽劳动：理论逻辑、本质属性与教育进路[*]

柳友荣

【摘　要】"美丽劳动"是习近平总书记在新时代对"劳动创造美"的诠释。"美丽劳动"在理论上的逻辑是兼顾劳动的"物质属性""精神属性"，侧重"精神属性"；兼顾劳动的"生产价值""文化价值"，侧重"文化价值"；兼顾劳动的"工具理性""价值理性"，侧重"价值理性"。"美丽劳动"是指劳动主体在劳动实践活动中，将"内在尺度"对象化的实践形式，并由此形成劳动自觉性、自主性、谐和性和生成性等主体积极的内在愉悦体验。开展好劳动教育需要在强化自主性劳动，确立"美丽劳动"信念；养成劳动习惯，提升劳动素养；关注劳动生成性，培养青少年社会性和集体精神；创新劳育方法，涵养"美丽劳动"；重视劳动的谐和性，形成劳动教育的"大格局"等5个方面下功夫。

【关　键　词】美丽劳动；劳动教育；劳动价值；劳动行为；劳动态度

【作者简介】柳友荣，池州学院校长、教授。

马克思主义劳动思想最为经典的分析，应当从以物质劳动为起点的劳动史观、以劳动创造价值的劳动经济学思想以及教育与生产劳动相结合的全面发展人

---

[*] 本文系教育部学校规建中心委托项目"大学生劳动素养课程标准与实施机制研究"（项目编号：教规建中心函〔2019〕38号）、安徽省重大教学研究项目"促进'双投入'课堂教学革命研究"（项目编号：2018JYXM0721）阶段性研究成果。

学理论等三个维度来加以深刻认识。习近平总书记基于马克思经典理论，从自身长期的劳动成长与革命实践出发，在江泽民同志的要"尊重和保护一切有益于人民和社会的劳动"的"有益劳动"①，以及胡锦涛同志的"让广大劳动群众实现体面劳动"②的基础上，创造性地提出了"美丽劳动"的重要论述。习近平总书记先后在2013年4月全国总工会劳动模范代表座谈会、10月与中华全国总工会新一届领导班子集体谈话、2015年4月庆祝"五一"国际劳动节暨表彰全国劳动模范和先进工作者大会、2018年4月给中国劳动关系学院劳模本科班学员回信以及2018年9月在全国教育大会上发表的重要讲话中都特别强调了"劳动最光荣、劳动最崇高、劳动最伟大、劳动最美丽"。应该说，"光荣""崇高""伟大"都有"卓越""至高"的荣誉之义，是马克思"劳动创造世界"的思想表征，对此，我们都耳熟能详。"光荣""崇高""伟大"是把劳动作为认知客体的一种称誉，而"劳动美丽"则是一种主客体关系谐和的表达，是客体给主体带来"快感""愉悦"的陈述，从强调劳动的"个体"身心感悟来激发劳动者的劳动热情。劳动"美丽观"连同"劳动是财富的源泉，也是幸福的源泉"③的劳动"幸福观"，以及"在劳动中体现价值、展现风采、感受快乐"④的劳动"快乐观"是习近平总书记的劳动观对马克思劳动学说的新时代创新，以人为本、"以人民为中心"的劳动论述是21世纪马克思主义劳动学说的新内涵，尤其是在激发劳动精神层面上为新时代劳动教育提供了更为有效的教育内容、教育方法，也指出了更高的教育目标。

一 "美丽劳动"的理论逻辑

美，究其本质来说是人类本质的对象化。早在古希腊时期，哲学家普罗泰格拉就提出了"人是万物的尺度"。美不是一件看得见、摸得着的东西，它只是外部世界在人的精神世界的投射，是人的一种感觉。"劳动创造了人，劳动创造了

---

① 江泽民：《全面建设小康社会 开创中国特色社会主义事业新局面》，《人民日报》2002年11月8日，第1版。
② 胡锦涛：《增加报酬 让劳动者实现体面劳动》，《人民日报》2010年4月28日，第1版。
③ 习近平：《在同全国劳动模范代表座谈时的讲话》，《人民日报》2013年4月29日，第1版。
④ 习近平：《在庆祝"五一"国际劳动节暨表彰全国劳动模范和先进工作者大会上的讲话》，《人民日报》2015年4月29日，第1版。

美"是马克思在《1844年经济学哲学手稿》中最具有生命力的命题。在马克思看来,美是在人类社会活动中产生的,是一种社会"关系",来源于人的劳动实践,是社会实践的产物。习近平总书记提出的"美丽劳动"既是对"劳动创造美"的诠释,也是对"劳动"自身美丽的体悟与揭示。

(一) 兼顾劳动的"物质属性""精神属性",侧重"精神属性"

马克思从劳动经济学角度出发,提出劳动创造商品价值,但也没有局限于此。他进一步指出,劳动创造了人手、人脑,创造了人。马克思甚至还一语破的:"未来教育对所有已满一定年龄的儿童来说,就是生产劳动与智育和体育相结合,它是提高社会生产的一种方法,也是造就全面发展的人的唯一方法。"① 换一句话说,劳动不仅创造物质财富,同样也是创造全面发展的人的唯一手段。出于对资本主义社会大机器生产导致人的畸形分工,催生异化劳动,致使人的片面发展结果的考虑,马克思最早创造性地提出了"综合技术"这一概念,"旨在弥补分工所造成的缺陷,因为分工妨碍学徒获得本行业务的牢固知识",② 从而促进个人的全面发展。"美丽劳动"很显然秉持了马克思关于劳动学说的全部精髓,同时,更加强调新时代劳动的主体感受,更加注重劳动"精神属性"的体悟与教育。劳动不应该只是勤劳、辛苦,还应该有"乐在其中""乐此不疲""乐而忘返"。因为,"美丽劳动"不仅涵盖了劳动的生产性、增值性,还应善于发掘人们因劳动所发生"社会关系"中的"美丽"元素,在教育中,须引导学生劳动认知,培育劳动情感,涵养劳动行为。在劳动过程中体验个体成长,促进人格完善,增进朋辈友情,融洽亲子关系,享受精神愉悦。

(二) 兼顾劳动的"生产价值""文化价值",侧重"文化价值"

马克思不仅仅是从经济学视野去研究劳动,在社会学、哲学、教育学等领域中都有涉猎。马克思指出,"劳动的现实化就是劳动的对象化",③ 劳动教育活动的实施本质上与人的生产实践活动是一致的。劳动作为人类所特有的本质活动,是一种对象化的活动,与其自身生产活动相一致。人在劳动中,不断地改造自

---

① 《资本论》第1卷,人民出版社,2004,第556~557页。
② 《马克思恩格斯全集》第16卷,人民出版社,1965,第655页。
③ 《马克思恩格斯选集》第1卷,人民出版社,1995,第41页。

然，也在改造着自己。正如列宁所说，"没有年轻一代的教育和生产劳动的结合，未来社会的理想是不能想象的：无论是脱离生产的教学和教育，或是没有同时进行教育和教学的生产劳动，都不能达到现代技术水平和科学知识现状所要求的高度"。① 劳动是人类的本质活动和本质属性，赋予了人类"类"的属性，是人体现自身属性的根本载体，是人的社会活动的产物，是人的社会关系的反映。因此，劳动不仅具有劳动力使用的"生产价值"，在劳动过程中，劳动者之间、劳动者与人化的自然之间构成了某些特定的关系，而这种关系形成并持久作用于社会，从而成为一种存在的相对固定模式，也就是劳动具备的"文化价值"。

"美丽劳动"思想不仅源自马克思、恩格斯的"劳动创造人"的思想理论脉络，在劳动的"文化价值"发现与形塑上，也充分消化与吸收了我国丰厚的传统文化。《国语》曰：劳则思，思则善心生。意思就是说：人只要付出劳动，就会想到勤俭节约，常常思忖勤俭，人就会滋养出善心。《论语》则把"洒扫应对进退"之术看作成人的"基本功"。《朱子家训》也把"黎明即起，洒扫庭除"看作成人的基本训练，"一屋不扫，何以扫天下"。劳动教育具有文化性，是滋养、修复、激发人性"善"的重要力量，劳动会让人学会尊重、懂得分享、知道感恩。

（三）兼顾劳动的"工具理性""价值理性"，侧重"价值理性"

在马克斯·韦伯有关事物"合理性"（rationality）的概念中，认为不可在"工具理性"与"价值理性"中厚此薄彼，倚重一方。"工具理性"注重功效，"价值理性"关注意义。表现到教育行为中，"工具理性"倚重训练，强调技能的形成与掌握；"价值理性"则关注以文化人，生命觉醒。马克思从历史唯物主义思想出发，用"劳动"这一重要范畴来分析人类历史发展，认为人类劳动的基本价值不仅表现在劳动创造世界、创造历史，还表现在劳动创造人本身。"当人开始生产自己的生活资料……人本身就开始把自己和动物区别开来"，② 这一结论很显然超越了劳动的"工具理性"，并把其"价值理性"视为把人与动物区分开来的关键。劳动成为人"类"存续与发展的基础。人与动物都离不开自然资源的给养，但是人超越了本能的适应自然，通过创造性的劳动获取发展自身。

---

① 《列宁全集》第 2 卷，人民出版社，2013，第 463~464 页。
② 《马克思恩格斯选集》第 1 卷，人民出版社，2012，第 147 页。

因此，劳动是人的行为，人类的"类"本质属性。动物只是通过直接的体力投入索取自然资源，觅得食物，繁衍自身，甚至即使血亲之间也只有短暂而本能的哺乳期可以分享资源。人类劳动的"价值理性"在于满足作为"类"的生存发展需要，"通过劳动，人们在获取、整合、转化、增值生存和发展资源的同时，获得了社会性，获得了人的价值与尊严，形成了'人的本质'"。① 马克思用"内在尺度"标识人对客观世界规律的内化，同时又将自身的主观世界外现，并最终达成将客观世界的改造趋同为人的理想状态，"我的劳动是自由的生命体现，因此是生活的乐趣"。②

"美丽劳动"深耕劳动的"价值理性"，更加关注劳动对人类"类"属性的开发，更加关注劳动对人的社会性的改造。与此同时，"美丽劳动"还超越了普遍层面上"劳动创造人的自身"的"价值理性"，丰满与完形人的"内在尺度"。"美丽劳动"不仅是对劳动的价值认同，也不拘泥于劳动对人自身的改造，而是因为劳动满足人的"自由"精神，成为人的内在需要，并因需要满足而产生身心愉悦的体验。每一个个体的"生活的乐趣"又会因为人类的"类"属性汇聚一起，形成一种社会风尚。正如习近平总书记在给中国劳动关系学院劳模本科班学员回信中写道的，"全社会都应该尊敬劳动模范、弘扬劳模精神，让诚实劳动、勤勉工作蔚然成风"。

二 "美丽劳动"本质特性

"美丽劳动"以辛勤劳动、诚实劳动、创造性劳动为基础，本质上是劳动者在劳动实践中实现美的创造。习近平总书记"劳动最美丽"的重要论述是马克思主义劳动美学理论在21世纪中国具体化的重要成果。③ "美丽劳动"是指劳动主体在劳动实践活动中，将"内在尺度"对象化的实践形式，并由此形成劳动自觉性、自主性、谐和性和生成性等主体积极的内在愉悦体验。劳动因何而美？首先它应该是人类理解世界、审美世界的一种特殊形式。"美丽劳动"是人与劳动行为之间的无功利的、情感的关系状态。劳动审美是由主体的"审"和劳动行为的

---

① 刘宏森：《在劳动中走向"自立"》，《山东青年政治学院学报》2017年第5期。
② 《马克思恩格斯全集》第42卷，人民出版社，1979，第38页。
③ 刘一：《深刻把握"劳动最美丽"的时代意蕴》，《中国社会科学报》2020年4月30日，第1版。

"美"共同构成。"审"是主体的存在与介入;"美"是作为劳动行为客体的客观存在。劳动行为符合主体"内在尺度"和内心需要,人们总是有意无意、自觉不自觉地使用某种尺度去度量作为客观对象的劳动行为,它可以表达两个层面上的关系:一是劳动行为是自我的,主体与劳动行为的关系的自觉与自主,即劳动主体对自身劳动行为具有自觉意识,且为自主选择;二是劳动行为是他者的,主体与劳动行为之间会出现积极的心向,表现出劳动心理的谐和性和生成性。

(一)"美丽劳动"的自觉性

劳动在创造一个对象的世界,也在创造一个美的世界。劳动在改造自然时,也是在使自然人化,成为人化的自然。马克思说:"动物只是按照它所属的那个种的尺度和需要来改造,而人懂得按照任何一个种的尺度来进行生产,并且懂得把内在的尺度运用于对象,因此,人也按照美的规则来构造。"[①] 换一句话说,人的劳动就是劳动者按照美的"内在尺度"塑造"人化"自然。这种依照人的内心"尺度"构造的自然在没有成为客观现实之前,就观念地存在于人的心智之中。这一劳动对象按"内在尺度"在人脑中预设的、观念的存在就是"美丽劳动"的自觉性。正如梁漱溟所言:"人之所以为人在其心,心之所以为心在其自觉。"[②] 动物的活动是本能的活动,不是自觉的行为;人的劳动是主动的、自觉的活动,比起最灵巧的蜜蜂建造蜂房的活动,最蹩脚的建筑师和最笨拙的织工从一开始就高明的地方在于,他们在劳动之前,对象的形态已经观念地存在头脑里了。

(二)"美丽劳动"的自主性

人的劳动本质上应该是自主自由的劳动,自主性是主体在自己意愿支配下行为的特性。马克思描述的私有制下的异化劳动,是不受劳动者自身支配的劳动,劳动者反而受到劳动的奴役,无法感受自由劳动带来的快慰与内心的美感体验。因此,"美丽劳动"是自主、自由的劳动,具有明确的"自主性"。劳动者在劳动活动中,"他们是什么样的,这同他们的生产是一致的——既和他们生产什么一致,又和他们怎样生产一致"[③]。毋庸置疑,只有当个体处在自主状态下的劳

---

① 《1844年经济学哲学手稿》,中共中央编译局译,人民出版社,2000,第58页。
② 梁漱溟:《人心与人生》,学林出版社,1984,第262页。
③ 《马克思恩格斯选集》第1卷,人民出版社,1995,第68页。

动，才会带来美的体验。作为社会人的自主性体现在自身特性与社会特性两个方面，只有将自主性与责任感融合在劳动实践中，劳动的意义才会因为符合社会准则、需求而被放大、增值，进而唤起主体满足愉悦的美感体验。

（三）"美丽劳动"的谐和性

心理谐和是指人的劳动认知、劳动情感、劳动行为等活动处于平静、协调的状态，并由此生成悦纳适度、友善亲和的态度。谐和首先是一种内心的和谐、构成要素的协调、劳动过程的理智自主、心理体验的愉悦畅达。"美丽劳动"首先是关于劳动的认知、情感、意志和行为的统一与谐和，也包括家、校、社会不同场域的谐和。也就是说，热爱劳动不仅仅是表达一种劳动情感，它是劳动认知的自然流露，更是劳动行为的内在动力。一个人在思想上"好逸恶劳"，必然在行为上"好吃懒做"。正如皮亚杰所言，认识既不是起因于一个有自我意识的主体，也不是起因于业已形成的、把自己烙印在主体之上的客体，认识起因于主客体之间的相互作用，既包含着主体又包含着客体，是主客体的统一。[①] 马克思认为："整个所谓世界历史不外是人通过人的劳动而诞生。"[②] 劳动是建立主客体关系的最有效方式，在劳动中，人与外部客观世界产生互动，从而形成自我意识，达到内心世界与外部世界的谐和。

（四）"美丽劳动"的生成性

马克思认为，劳动在创造世界的同时，也创造了人自身。"未来教育对所有已满一定年龄的儿童来说，就是生产劳动与智育和体育相结合，它是提高社会生产的一种方法，也是造就全面发展的人的唯一方法。"[③] 由此可见，劳动的"生成性"不言而喻。对于现代人来说，太多的虚拟生活空间和闲暇生活状态造成了个体发展的许多灰色"地带"，劳动特有的与客观事件的"真实"联系，对于维护心理健康，追求美好生活具有不可替代的作用。人是一种生成性的存在，在劳动中，人类的有关"人"的属性才得以不断充盈，"类"联系才得以日益完善，劳动促成了认识世界、改造世界主体的人的本质力量的释放，使人的属性得

---

① 〔瑞士〕皮亚杰：《发生认识论原理》，王宪钿等译，商务印书馆，1997，第21页。
② 《马克思恩格斯全集》第3卷，人民出版社，2002，第310页。
③ 《资本论》第1卷，人民出版社，2004，第556~557页。

以持续生成与确证。马卡连柯在《儿童教育讲座》中有这样的描述：一个竭力想摆脱工作或者只是安然度日，坐享别人的劳动成果的人是最没有道德的人，只有劳动才能使人有正确的道德态度。① 对现代人的心理健康最具操作性的定义无疑是"社会适应良好"，它是一个人认知合理、情感适当、态度积极、行为恰当的统合体。"努力劳动不只可以培养人的工作能力，而且可以培养同志的关系"，② 劳动对于生成良好的社会适应能力，保持心理健康具有不可替代的作用。

三 "美丽劳动"的教育进路

资本家看到辛苦劳作的工人，与少先队员看到烈日炎炎之下十字路口挥汗如雨的交警的感受是完全不一样的。资本家眼里的工人劳动无所谓美丽，因为他们关注的是自己榨取的多与少；少先队员眼里的交警劳动是充满美感的，于是他们会由衷崇敬地递上用于防护马路灰尘的口罩。"美丽劳动"需要人们在认识劳动意义、体验劳动过程、享受劳动成果的前提下，体悟劳动，审美劳动。这就需要教育引导全社会热爱劳动、尊重劳动、崇尚劳动，在辛勤劳动、诚实劳动、创造性劳动的基础上，人们才能体悟和感受劳动的升华和美丽。

（一）强化自主性劳动，确立"美丽劳动"信念

劳动美丽不止于是劳动者的一种自觉意识，更应该成为一种信仰。苏霍姆林斯基说："社会的进步性和道德进步，取决于组成这个社会的人们如何对待劳动，把劳动看作什么——仅仅是获取物质福利的手段，还是有充分价值和丰富内容而又有趣的精神生活。"③ 马克思说过，资本主义社会里工人的"异化劳动"创造了价值，却扭曲和伤害了自己。这种劳动虽然创造了客体和对象的"美丽"，却不能使自身体悟劳动的快慰和有趣，因此也谈不上"美丽劳动"。也就是说，"美丽劳动"是劳动主体与劳动客体（对象化的自然）都符合"内在尺度"要求。这样的劳动是什么呢？一言以蔽之——"自由""自觉"的劳动，马克思把"真正自由的劳动"作为共产主义的标志。自由自觉的劳动具有三个特

---

① 吴式颖：《马卡连柯教育文集》（下卷），人民教育出版社，1985，第181页。
② 〔苏〕马卡连柯：《马卡连柯全集》第4卷，人民教育出版社，1959，第447页。
③ 〔苏〕苏霍姆林斯基：《帕夫雷什中学》，赵玮等译，教育科学出版社，1983，第11页。

性。一是每个劳动者已是全面发展的个人,没有特殊的活动范围,可以在任何部门内发展。二是劳动者在"真正的共同体"即"自由人联合体"中生产生活,消灭了"异化劳动",打破了僵化劳动范围局限。劳动在"自由人联合体"中的作用,已经超越了谋生谋利的"物欲",成为人"生活的第一需要"。三是"社会调节着整个生产",劳动者"自己的兴趣今天干这事,明天干那事,上午打猎,下午捕鱼,傍晚从事畜牧,晚饭后从事批判",[①] 这个时期的劳动很显然是美丽的、令人憧憬的。这样的劳动光景在新时代依然初见端倪,譬如,周末闲暇,带着孩子去郊外租地耕作种菜,这显然是一幅美丽的田园劳作画卷。

在家庭与学校教育中,通过劳动教育对青少年开展"劳动与人生""劳动与伦理""劳动与社会""劳动与未来"的引导和启迪,在他们的内心深处播种"美丽劳动"的信念。真实的劳动过程,可让青少年感受自己劳动的意义和生命的存在,体悟劳动给生命注入的快乐;在劳动过程中体验成人劳动的辛劳,可唤醒青少年学会珍惜劳动成果、懂得感恩、愿意付出;通过劳动建立良好的人际关系。在日常的劳动中,人们交换思想、交流感情。

(二) 养成劳动习惯,提升劳动素养

"美丽劳动"是在良好的劳动素养支持下的"自主自觉"劳动。现实中,人们常常认为,劳动习惯的养成依靠劳动频次的增加和劳动规训方式的使用。不难想象,让一个孩子经常去打扫卫生是不是一定能培养出爱劳动的好习惯?如果不辅之以劳动认识的提高和劳动意识的增强,结果往往收效甚微。倘若就"为什么要劳动"(如帮助上班辛苦的爸爸妈妈)等问题进行教育引导,可能会起到事半功倍的效果。这样看来,养成劳动习惯,需要提升劳动素养。

"素养"在《辞海》中的解释是"经常修习涵养";[②] 在《现代汉语词典》的释义是"平日的修养"。[③] 其中,关键词是"修""习""养"。"修"又有修行、修养之分,修行是"表",修养是"里"。可见,达成劳动素养确需综合发力,不可简单而为。劳动素养的内涵丰富,包括劳动认知、劳动态度、劳动情感、劳动行为、劳动习惯、劳动价值观等。解决这些问题,依靠零星的劳动行为

---

① 《马克思恩格斯选集》第1卷,人民出版社,1995,第85页。
② 夏征农、陈至立主编《辞海》,上海辞书出版社,2009,第2167页。
③ 中国社会科学院语言研究所词典编辑室编《现代汉语词典》第5版,商务印书馆,2005,第1302页。

是不够的，系统的劳动教育课程必不可少，这是培养新时代中国特色社会主义事业建设者和接班人对加强劳动教育的新要求。在《关于全面加强新时代大中小学劳动教育的意见》中，就对劳动教育课程做了明确的规定，各学段的课时数、必修课程和依托课程等都有明确要求。这些要求与劳动教育的现实情况对照，还有不少问题需要解决，如"劳动"等于"劳动教育"的认识误区、"劳动课程"内容设置是否科学等。解决这些问题需要尊重育人规律，在青少年劳动习惯、劳动技能的养成，劳动态度、劳动意识的培养，劳动情感、劳动精神的激发等方面科学设计，综合施策，在教学内容系统化、课程实施项目化、教学方式综合化等方面协同发力。①

良好的劳动素养包含符合劳动审美的劳动价值观，劳动教育的本质目标是劳动价值观的确立。劳动价值观不仅支配自身"自主自觉"劳动，还决定着对作为客体的劳动的审视与判断。当然，我们不能因为个体的劳动素养是"美丽劳动"的基础，就随意夸大劳动素养的重要性，把劳动素养看成综合素养，将劳动教育凌驾于德、智、体、美四"育"之上，重蹈代替知识教育的反智主义覆辙。②

（三）关注劳动生成性，培养青少年社会性和集体精神

劳动，在创造世界的同时，也创造了人类自身，最终使得人类远离动物本能适应的唯一生存繁衍手段，成为具有社会属性的"美丽"物种。人是一切社会关系的总和，人类的社会性在劳动中得以实现，劳动奠定了人"类"生存和发展的基础。"整个世界历史不外是人通过人的劳动而诞生的过程，是自然界对人来说的生成过程。"③

劳动教育对于青少年来说，远不止培养劳动习惯、提升劳动素养那么"单薄"，由此生发出的社会性发展、集体意识等，对青少年的社会成长都是至关重要的。作为个体心理发展的重要内容——社会性的发展，包括个体走进社会生活必备的道德思想、价值观念、行为准则、生活方式等，从某种意义上讲，社会性的发展可视作人的社会化程度。同时，人的社会性发展不可脱离具体的社会场域，缺失个体的社会关系和社会实践，任何社会性发展都是空中楼阁。从根本上

---

① 柳友荣：《高校劳动教育如何实现提质增效》，《中国教育报》2020年5月18日，第5版。
② 张应强：《新时代学校劳动教育的定性和定位》，《重庆高教研究》2020年第5期。
③ 《马克思恩格斯全集》第3卷，人民出版社，2002，第310页。

说，劳动是自然人联系社会，成为社会人，具备人的"类"本质的基本途径，是人类按照"类"的尺度创造自身的基本活动。

劳动本身是具有社会性的，社会劳动是个体融入社会，感受集体力量的有效载体。青少年通过共同劳动，可以克服个体不合时宜的"小我"，形塑个人的人格，催生和谐协调的集体。"在一个相当长的时间内完成一项重要任务的集体中，学生之间形成了崭新的关系，这种关系在任何其他情况下是无法形成的。"[1] 苏霍姆林斯基认为，"带有明显的社会公益性质的长期的劳动"[2] 是青少年顺利度过学生时代，养成良好社会品格，完成社会化的必由之路，"试图只根据学习活动去培养集体主义精神的教师，必然会遭到失败"[3]。

（四）创新劳育方法，涵养"美丽劳动"

由于众多可以想象的原因，劳动教育现状在当下我国大中小学中不容乐观。"五育并举"中劳育成为明显短板，既缺少各学段呼应的完整的劳育体系，也缺乏理论研究的支撑。较长时间以来，表现为学校忽视、家长无视、学生漠视的尴尬窘迫情形。从总体上看，政策导向乏力、教学文化缺失、教育评价失衡等是导致劳育失位的根本原因。同时，劳育方法失当在现实生活中也表现得相当严重。在劳动教育目的上表现为"外在化"，在劳动教育方法上表现为"规训化"，在劳动教育途径上表现为"去身体化"，在劳动教育环境上表现为"去自然化"，[4] 在劳动教育内容上表现为"碎片化"，在劳动教育组织上表现为"娱乐化"等一系列劳动教育失当问题。

劳动教育是以劳动作为中介递质，引导学生心灵走向"真""善""美"的实践活动。教育的现实场域里，劳动常常被当作限制学生自由、规训学生行为的惩戒性手段。改变被"异化"的劳动教育，从追求"外在目的"走向追求"人格完善"，从"被动接受"走向"积极体验"，从"身体规训"走向"身体解放"，从"远离自然"走向"回归自然"，从"疏离生活"走向"贴近生活"。诚然，要达成劳动教育的目的，提高劳动教育效果，还须执行好以下三条"黄金定律"。

---

① 〔苏〕苏霍姆林斯基：《学生集体主义情操的培养》，杨楠译，湖南教育出版社，1984，第149页。
② 〔苏〕苏霍姆林斯基：《学生集体主义情操的培养》，杨楠译，湖南教育出版社，1984，第111页。
③ 〔苏〕苏霍姆林斯基：《学生集体主义情操的培养》，杨楠译，湖南教育出版社，1984，第17页。
④ 徐海娇：《劳动教育的价值危机及其出路探析》，《国家教育行政学院学报》2018年第10期。

一是教育者"到位"和"参与"原则。强调教育者（教师、家长）在劳动教育中的"在场"，主动参与劳动，克服教师、家长之要求学生进行劳动，自己在劳动"进行"时，却做"甩手掌柜"的尴尬场面。教育者的参与能够起到很好的行为示范作用，能够极大地改进劳育效果。

二是劳动教育场域"泛在"（Ubiquitous）原则。劳动不是"走秀场"，劳动教育不能是为劳动而劳动，不能只是在劳动课的场域中才去劳动，而应该是为生活而劳动。劳动"无处不在"，劳动"信手拈来"。

三是劳动行为的"真题真做"原则。所谓"真题"就是指劳动必须面对真实的世界，"真做"意指劳动必须是动手动脑，手脑并用。新时代的劳动将具有两个核心因素：第一，劳动必须动手和动脑紧密结合；第二，劳动必须面对真实的现象。[①]

（五）重视劳动的谐和性，形成劳动教育的"大格局"

前文谈到，"美丽劳动"首先是关于劳动的认知、情感、意志和行为的统一与谐和，也包括劳动在家、校、社会不同场域的谐和。当下，劳动教育家庭"真空化"、学校"形式化"、社会"虚拟化"较为普遍。《全面加强新时代大中小学劳动教育的意见》中明确要求"把劳动教育纳入人才培养的全过程，贯通大中小学各学段，贯穿家庭、学校、社会各方面"，需要家、校、社会、政府多方协作，补位配合，打造劳动教育大格局。

首先，要统筹规划各级各类院校的劳动教育。要尽快成立国家和省级"劳动课程教学指导委员会"，对各学段劳动教育教学工作予以指导；对各学段劳动教育统筹规划，有机衔接，系统推进，确保劳动教育产生实效；推动劳动教育教学的理论和实践研究，开展咨询、评估、服务工作。

其次，要重视劳动教育的课程性质。劳动作为一门发展性课程，还应处理好各学段之间的衔接和贯通问题。既要考虑学段特点，充分保证阶段性差异，又要尊重发展性目标，保证教学要求的延续性。必须注意的是，由于我国前一阶段存在一定程度上的劳动教育虚化现象，各学段学生每天的劳动时间明显不足。因此，现今启动劳动教育后，不少学校在开展劳育的同时，还要为前一个学段"补课"。

---

① 卢晓东：《劳动，在人工智能时代意味着什么》，《中国高等教育》2018 年第 21 期。

最后，劳动教育评价工作科学化、具有发展性。目前，劳动教育不仅缺少可以查证的评价标准，也没有清晰明确的发展性课程阶段目标，这势必给劳动教育的评价增加难度。加之劳动教育的师资不稳定、课程管理部门游离、教学资源不足等，劳动教育的评价问题成为各学段的难题。从实际情况看，劳动教育评价内容应该不局限于某种特殊的劳动任务或者劳动形式，自我服务性劳动、生产性劳动、创造性劳动均在其列；评价方式也不能以分数、等级来简单认定，而应根据课程性质，采用质性的、描述性的、发展性的评价方法。

（编辑：曲霞）

The Beauty of Labor: Theoretical Logic, Essential Attributes and Educational Approaches

Liu Yourong

Abstract: "The beauty of labor" is General Secretary Xi Jinping's interpretation of "labor creates beauty" in the new era. Its theoretical logic gives consideration to both "material attribute" and "spiritual attribute", both "productive value" and "cultural value", both "instrumental rationality" and "value rationality" of labor while always focuses on the former ones. "Beautiful labor" refers to the practice form in which the labor subject objectifies the "internal scale" in the labor practice activities, and thus forms the positive inner pleasure experience such as labor consciousness, autonomy, harmony and generativity. To carry out labor education well, the following five aspects should be strengthened: encouraging autonomous labor with the belief of "labor creates beauty"; developing labor habits and improving corresponding skills; paying attention to the generative nature of labor, cultivating social and collective spirits of teenagers; innovating labor education methods to cultivate the belief of "the beauty of labor"; putting labor education in a bigger picture, in harmony with the others.

Keywords: The Beauty of Labor; Labor Education; Labor Value; Labor Practice; Attitude towards Labor

• 理论前沿 •

以"五育融合"之眼看大学生劳动教育*

宁本涛　孙会平

【摘　要】随着国家一系列政策的出台,大学生劳动教育引起了高校的普遍重视,劳动教育的推进也取得大幅度的进展,但当前大学劳动教育的综合效果仍不尽如人意,尤其是让大学生劳动教育真实、有效和可持续发生方面,仍面临着大学生劳动价值取向功利化、劳动认识淡薄化、劳动态度消极化、劳动内容浅层化的钳制,导致"有劳动无教育"和"有教育无劳动"的两难困境。究其原因,既有长期以来历史发展的因素,也有社会现实环境的影响。走出困境,亟须树立从"以劳为生"到"以劳促全"转变的新劳动教育范式,重建学校、家庭、企业等各个社会实践领域、文化领域共同承担其责任,以政府为主导、学校为主体,家庭为支撑、企业为帮扶的"多元协同"劳动素养教育实施体系。

【关 键 词】大学生;劳育;五育融合

【作者简介】宁本涛,华东师范大学教育学部教授、博士生导师;孙会平,华东师范大学教育学部教育学系博士研究生。

劳动不仅是人类诞生的秘密所在,也是人类得以生存、社会得以延续的法

---

* 本文系华东师范大学2020年度人文社会科学智库成果培育项目"新时代新劳动教育的价值定位与实践路径研究"(项目编号:2020ECNU–ZKPY008)的阶段性研究成果。

宝。马克思曾经说过:"任何一个民族,如果停止劳动,不用说一年,就是几个星期,也要灭亡,这是每一个小孩都知道的。"① 社会是由个体组成的,只有无数个体辛勤地劳作,整个社会才能运转。随着时代的发展,劳动教育的内涵不断被扩充,劳动方式也不断发生着改变。作为承担着民族复兴大任的时代新人,大学生所接受的劳动素养教育同样面临着许多问题和挑战。

市场资本的影响,社会环境的浸染,加之拜金主义、消费主义、攀比之风等不良风气的侵袭,青少年陷入物欲的枷锁之中,成为一个又一个"消费人"。2018年9月10日,习近平总书记在全国教育大会上的讲话中指出"要在学生中弘扬劳动精神,教育引导学生崇尚劳动、尊重劳动"。2020年3月,中共中央、国务院印发《关于全面加强新时代大中小学劳动教育的意见》,强调劳动教育是中国特色社会主义教育制度的重要内容,要把劳动教育纳入人才培养全过程。2020年7月,为加快构建德、智、体、美、劳全面培养的教育体系,教育部印发《大中小学劳动教育指导纲要(试行)》,重点针对劳动教育是什么、教什么、怎么教等问题,加强专业指导。② 毋庸讳言,尽管随着国家一系列政策的出台,劳动教育引起了各级学校的重视,劳动教育的推进也取得大幅度的进展,但当前劳动教育的效果仍不尽如人意,尤其是大学生劳动教育的真实性、有效性和可持续发展性方面,仍面临着诸多问题与挑战。

一 当前大学生劳动教育面临的"两难"困境

无劳动不教育,有劳动未必有真教育。当前,我国进入了发展的新时期,劳动被赋予新的内涵,劳动方式也极速地发生转变,同样,社会也对劳动力素质提出了更高的要求。③ 由于受市场经济以及社会不良风气的影响,我们认为,大学生面临着劳动价值取向功利化、劳动认识淡薄化、劳动态度消极化、劳动内容浅层化的钳制,导致"有劳动无教育"和"有教育无劳动"的两难困境。

---

① 《马克思恩格斯选集》第4卷,人民出版社,1972,第368页。
② 《大中小学劳动教育指导纲要(试行)》,教育部官网,2020年7月15日,http://www.moe.gov.cn/srcsite/A26/jcj_kcjcgh/202007/t20200715_472808.html?from=singlemessage&isappinstalled=0。
③ 周光礼:《中国大学的战略与规划:理论框架与行动框架》,《大学教育科学》2020年第2期。

（一）劳动价值取向功利化

随着社会主义市场经济改革步伐的加快和社会转型向纵深发展，大学生劳动价值目标由理想化向多样化和务实方向转变，部分大学生价值目标的选择出现了功利化倾向。他们的价值目标由注重理想转向注重现实，由注重整体利益转向注重个人利益，由注重长远利益转向注重眼前利益，由注重"义"转向注重"利"，由注重奉献转向注重享受。在当代大学生群体中，有很多人将劳动价值与物质酬劳直接联系在一起，如果缺少物质的酬劳，劳动积极性就会下降。这也进一步导致大学生在就业时，将工资薪酬作为首要参考标准，将物质等现实条件放置于理想之上，将个人利益置于集体利益之上，劳动价值观取向功利化日益明显。功利性的劳动观念同样会影响学业、就业方面的表现。大学生因缺少正确的劳动态度，延伸到学习上，就会出现抄袭作业、迟到早退、远离集体、沉迷网络等不良行为；延伸到毕业求职时，就会出现缺乏积极的实践勇气与信心，有挑肥拣瘦、好高骛远、不切实际的择业观。

（二）劳动认识淡薄化

华东师范大学基础教育改革与发展研究所五育融合研究中心针对大中小学劳动教育开展现状的调查问卷数据显示，9.5%的学生认为劳动教育对自己未来发展作用一般，2.1%的学生认为劳动教育对自己未来发展并无作用。可以看出，青少年对劳动教育的认知仍需深化与加强。事实上，劳动不仅是人和动物的分水岭，更是社会物质财富与精神财富的源泉。由于大学生对劳动认识不够深刻，逃避劳动、厌恶劳动的现象层出不穷，高校的快递业务有很大一部分来自学生把积攒一段时间的衣服寄回家去，父母洗完后再通过快递寄回。有些学生称，在放假回家时，脏衣服鞋子之类的杂物都要装上几个箱子。不少新生表示进入大学学习是第一次离开父母独立生活，来自全国各地的同学生活习惯上的迥异也带来生活上的不适应。这种生活方式的不适应是由于劳动认识的缺乏所导致的劳动能力低下。有一项关于"内地大学生自理能力"的调查，研究者对中国内地大学生、香港大学生和台湾大学生进行了调查，调查结果发现港台大学生自理能力均高于大陆大学生，其中香港大学生自理能力最强，[①] 研究者认为这与香港在基础教育

---

① 吴继霞：《社会背景差异下的大学生自理能力比较研究》，《心理科学》2008年第5期。

阶段推行的"学生生活技能发展及全方位辅导计划"有关,① 这种从基础教育便开始进行生活能力以及劳动能力培养的做法非常值得借鉴。高等院校是培育人才的基地,大学生不仅要有学习的能力,更应有深刻的劳动认识、正确的劳动观念以及专业的劳动技能,如此,才能承担起时代所赋予的历史使命,肩负起应有的社会责任。

(三) 劳动态度消极化

在调查中,大多数学生表示自己只是"偶尔做家务"甚至"从不参与家务劳动",并且参与家务劳动的大学生多半是被强迫参与的。而在大学生活中,寝室内部也经常出现打扫卫生互相推脱责任,甚至集体"罢工"致使寝室脏乱差的情况。这些情况都反映了大学生劳动能力缺乏、自理能力低下的客观现实。事实上,人的生活是离不开劳动的,劳动不仅创造物质财富与精神财富,更是人与动物的分水岭。有一个流传甚广的故事。有一个人死后,来到一个富丽堂皇的宫殿,受到了宫殿主人热情接待,每日锦衣玉食,山珍海味。过了一段时间后,客人开始觉得吃吃睡睡的日子有些烦闷,再美味的食物也觉得索然无味,连睡觉也不再有美梦,于是他问主人:"有没有什么工作可以做?"主人回答:"对不起,这里只能享乐,没有工作。"客人又坚持了一段时间,实在受不了了,再次找到主人:"请给我一份工作吧,再这样下去,我宁愿下地狱,也不愿再过这种生活。"主人轻蔑地笑道:"难道你以为这里是天堂吗?这里就是地狱。"可以看出,劳动创造美好生活,使人成为更完善的人。欧阳修曾经这样说过:"忧劳可以兴国,逸豫可以亡身,自然之理也。"在人的所有活动中,最伟大、最有价值的便是人类的生产实践活动。劳动不但创造了人本身,也创造出社会,创造出社会关系,创造出人的道德。所以,马克思说:"在社会主义的人来说,整个所谓世界历史不外是人通过人的劳动而诞生的过程。"②

(四) 劳动内容浅层化

目前我国大多数高校的劳动教育,还停留在体验田间劳动、家务劳动、学校

---

① Isen A. M., "Positive affect as a source of human strength," *Journal of Personality and Social Psychology* 47 (2003): 1206-1217.
② 《马克思恩格斯全集》第3卷,人民出版社,2002,第310页。

打扫卫生、开展社会实践活动、组织毕业实习等层面，劳动教育被片面地诠释为学生就业谋生的手段，直接导致劳动本身的育人功能大打折扣。即使社会实践活动作为高校劳动教育的主要内容，也存在表面化、形式化的缺点。例如，高校组织开展社会实践活动并非适用于所有专业，有些实践活动以学生假期就近回乡调研等形式展开，离开了学校的统一组织、指导和落实，这些活动的教育成效就难以保证。再如，高校劳动课程种类单一、内容陈旧，大学生劳动意识弱化、劳动态度消极等问题也普遍存在，甚至某些高校还存在一些日益没落的专业，培养的人才面临着毕业即失业的困境。高校劳动教育内容与社会快速发展需要之间的矛盾十分突出。

二 大学生劳动教育"劳动与教育"两难困境的归因分析

"冰冻三尺，非一日之寒。"当前大学生劳动教育所面临的"劳动"与"教育"相互割裂的两难困境，是由多种因素造成的，既有长期以来历史发展的原因，也有社会现实环境的影响。首先，市场经济给中国传统价值观念带来了一定的冲击；其次，应试教育对素质教育的空间造成了挤压；再次，中小学与高校劳动教育缺乏有效的衔接；最后，社会不良风气所产生的影响。

（一）市场经济给中国传统价值观念带来的冲击

改革开放后，随着市场经济的确立和发展，我国经济发展实现了质的飞跃，随着对经济发展的重视，教育投资成为最能为国家和社会带来效益的投资，[①] 劳动教育同样服务于经济建设、社会发展以及现代化进程。在具体的教育实践上片面强调了劳动教育的人力资本价值，相对忽视了劳动教育内在育人价值，劳动教育的功利性倾向被强化。一系列的社会问题也随之而生：社会贫富差距逐渐产生，精致利己主义甚嚣尘上，在追逐利益最大化的路上，劳动的价值被逐渐削弱。因此，时至今日，不正确的劳动观已经影响到了很多青年大学生。社会上对于职业分工的偏见，同样影响着大学生群体对劳动的态度，致使多数人认为脑力劳动比体力劳动更加"高级"；同时也有很多学生认为，劳动占用学

---

① 王华：《美国"大学准备"及其对中国高中生教育的启示》，《教育与教学研究》2015年第29期。

习时间,增加了学习负担,进而排斥劳动,出现不爱劳动、不想劳动的现象。这些大学生对劳动价值缺乏正确、积极的认识,甚至养成了不劳而获的错误思维。

(二) 应试教育对素质教育空间的挤压

在应试教育体系中,劳动教育无法被量化为成绩单上的数字,因此它只能存在于素质教育的美好设想中,无法适应当下的教育环境。家长只求孩子能够将精力多放在好好读书上,生怕"劳动"占用了孩子宝贵的学习时间,恨不得事事亲力亲为,致使很多孩子从小便成为"饭来张口,衣来伸手"的"小皇帝"。从小就缺乏对劳动价值客观认识的孩子逐渐沦为了只会考试的"读书机器",很多学生无法适应独立自主的生活。2017 年,专家所指导的 600 份志愿填报的案例中,70% 以上的志愿以家长为主进行沟通和填报,21% 的志愿咨询为家长与孩子一起,独立对大学和专业选择进行咨询的学生仅为 9%。不少考生把高考当作学习任务的终点,在高考结束后便开始策划如何旅行、如何放松自己,把高考志愿的填报、专业的选择全部扔给了父母。殊不知高考仅仅是基础教育的终点,并非学习的终点,大学、专业的选择更是另一个阶段学习的起点。高考志愿的填报,尤其专业的选择关系到一个人未来职业的选择和规划,理应根据考生的个性、特点、爱好、理想进行考虑和选择,只有这样,才能为学生大学四年的学习和职业的规划打下好的基础。

(三) 中小学与高校劳动教育缺乏有效衔接与对话

在中国,基础教育将更多的关注放到学生对课程作业的掌握上,学校、教师、家长、学生也将取得优秀的考试成绩视为高中阶段的学习任务,将考上一所好的大学视为最终学习目标,高中阶段所进行的劳动教育更是少之又少,不少学校将劳动教育片面地理解为体育锻炼,要求学生在课下活动即可。这与大学阶段对学生的要求是不相符的,在大学教育中,更多的大学不仅仅要求学生具备基本的课程学习能力,还要求学生具有职业规划能力、社会沟通交往能力与同学相互学习的能力等。[1] 基础教育的"分数导向"必然与大学的"多维能

---

[1] 王华:《美国"大学准备"及其对中国高中生教育的启示》,《教育与教学研究》2015 年第 29 期。

力要求"产生极大的"水土不服"。高校为了解决这种"水土不服"也进行了各种有益的尝试,如开展新生入学教育、入学适应讲座等,然而这一系列的教育工作却收效甚微。一项针对新生入学教育的问卷调查显示,超过80%的人认为入学教育对他们适应大学生活并未产生较大的帮助。① 究其原因,这种高校包办入学教育的做法,忽视了入学准备工作是一项系统的工程,仅仅靠高校的"单打独斗"将很难完成,② 由于疲于应付高考,很多孩子无暇关注自身的兴趣和爱好,在报考志愿时无从下手,只是简单地将所谓的"热门""实用""好就业"作为自己的专业选择。大学是知识的圣殿,是寻求真理的天梯,如果高中生们带着"金钱""权力"的梦想走进大学,往往会在对"金钱""权力"的追逐中迷失自我。

劳动教育以及劳动实践的缺乏,使得学生对自身兴趣爱好不了解,造成学生进入大学后,对自己所选择的专业不感兴趣。华中师范大学武汉传媒学院通讯社对武汉理工大学、湖北工业大学和湖北大学等十余所高校的毕业生进行的相关调查显示,75%的学生想换专业,而导致众多学生想换专业的原因中,对自己就读专业不感兴趣排在第二位。因此,应在基础教育阶段建立完善的、能和高等教育有机衔接的劳动教育体系,充分发挥劳动教育的积极作用,开展各式各样的劳动实践活动与课程,使学生得到系统、专业的劳动精神培养以及劳动技能锻炼,在具体的劳动实践中发现自我兴趣并确定专业爱好,为自己的未来专业选择与职业选择做好充足的准备,这样才能在未来的工作生产中充满活力和动力,把劳动当作生活的一种方式,而非仅仅是一种谋生手段。"尊重劳动、诚实劳动、热爱劳动"才能真正落实到实际当中。

(四) 社会不良风气的影响

青少年处于成长期、可塑期,对很多事物的看法和认知不够深入,加之社会拜金主义、消费主义、攀比之风等不良风气的影响,青少年陷入物欲的枷锁之中,成为一批又一批的"消费人",他们将物质的舒适误作生活的活力,将安逸享乐作为奋斗的目标,③ 厌恶劳动、逃避劳动的现象屡见不鲜。艾里希·弗洛姆

---

① 洪富忠:《高校新生入学教育存在的问题及对策》,《世纪桥》2008年第3期。
② 曲云进、姜松:《大学新生入学教育的实效性问题研究》,《高校教育管理》2009年第3期。
③ 艾里希·弗洛姆:《论不服从》,叶安宁译,上海译文出版社,2018,第33页。

对这一现象进行了警示，如果一个人终日思考的是如何逃离劳动生产，如何去占有和消费越来越多的物质以及如何去享乐。那么，当他消费越多，便越会被"物欲"所捆绑，最终丧失对自身以及同类生命的尊重，成为贪欲的囚徒而无暇顾及其他。这种"消费式生活方式"与马克思所展望的社会主义社会精神背道而驰。这种逃避劳动，把享乐与消费当作生活的目标，认为轻松才是有价值的想法，这是极为危险且不可取的，因为有价值的生活，绝对不轻松。[①] 享乐确实能够给人带来片刻的幸福与欢愉，但是想要得到真正的自由与幸福，需要担负艰巨的使命，激发自身潜能，进行劳动创造与生产创新。弗洛姆指出，社会主义工业体系所要达到的目标不是最高的经济生产力，而是最高的"人的生产力"，社会主义生产模式的服务目的在于最大限度地培养"全能人"，而非"消费人"，[②] 我国重视劳动教育，其育人目标同样在于培养德、智、体、美、劳全面发展的、能担当起时代大任的高素质人才。

三 新时代高校劳动教育的创新路径选择

高校劳动教育不仅受教育领域的制约，同样受其他实践领域的影响和制约。本纳曾指出，社会要求能否通过教育被人们接受并践行，不是受某种单一因素所制约，而是不仅受教育领域，也受人类其他实践领域以及极其复杂的社会关系所影响的。[③] 针对大学生来说，其与中小学生不同，大学生拥有很多自由以及可支配的课外时间，同时也有更多精力投入到实践劳动中。在各项条件都十分充足的背景下，高校应该对自身所拥有的优质平台进行利用，对相关实践性活动进行开展，保证学生可以有更多的机会进行劳动学习，深入地对劳动进行体验，以便能够在劳动实践中对学生的良好品质进行培养，有效地对劳动技能进行提高。同时，应该对校园内的丰富资源进行利用，让学生可以承担打扫校园以及宿舍的责任、义务等，为学生提供勤工助学岗位，提高学生的政治素养以及劳动技能，进而让学生朝着良好的方向发展和迈进。简言之，做好高校劳动教育，不应让教育系统单方面承担与劳动教育相关的所有问题，应使社会各个领域共同关注劳动教

---

① 艾里希·弗洛姆：《自我的追寻》，孙石译，上海译文出版社，2019，第165页。
② 艾里希·弗洛姆：《论不服从》，叶安宁译，上海译文出版社，2018，第80页。
③ 底特里希·本纳：《普通教育学》，彭正梅、徐小青等译，华东师范大学出版社，2006，第80页。

育的实施,共同承担其教育责任,建立以政府为主导、学校为主体、家庭为支撑、企业为帮扶的"多元协同"实施体系。

(一)家庭方面:培养大学生独立选择与生活的能力

习近平提出要提高对家庭教育的重视,将家庭教育与学校教育摆在同等重要的位置上,未来的家校沟通将在教育环节中占据更加重要的位置。我们要重视家庭教育的作用,通过舆论宣传、教育家长等方式,以原生家庭为起点纠正不正确的观念和行为,为培养学生养成正确的劳动观念构建有利的家庭环境。家长作为学生的第一监护人,有义务和责任帮助学生处理生活中出现的问题,目前存在的问题是,父母对学生过度关爱,导致学生依赖父母,无法独立生活,这对于孩子的成长是极为不利的。家长应破除事事代劳、凡事操办的意识及习惯,培养学生独立选择与生活的能力。

首先,家长应给予大学生充足的选择的权利和自由。在平时的生活与学习中,家长需要尊重学生的意愿,当学生的选择与家长的选择出现冲突时,应及时沟通和引导,而非将自己的意愿强加到学生身上。其次,家长应尊重学生的兴趣和爱好。家长往往以"过来人"自居,更以"功利性"的眼光看待学生对兴趣的选择。很多家长在帮助学生进行专业选择以及专业规划时,更倾向于关注该专业的前景以及家族利益最大化,追求"热门"专业或者"实用性"专业,有些家长则追求家族利益,希望子承父业。[①] 这些都是极不可取的,"兴趣是最好的老师",一个人只有在对事物产生浓厚的兴趣时,才愿意主动地去求知、去探索、去实践。帮助学生在具体的劳动实践中发掘自己的兴趣,尊重学生的兴趣,这才是家长对学生最好的呵护与关爱。最后,家长应学会适度放手。"未曾清贫难成人,不经打击老天真",挫折是一个人走向成熟的必经环节,一个人只有在挫折中才会更好地反思自我,快速成长。联合国教科文组织将"学会生存"作为未来教育的四个支柱之一,[②] 其所指便是学生在行动中应有责任感、自主性和判断力。家长适度放手,才能让学生摆脱对家长的依赖,进行自主的判断与选择,从而真正学会生存。

---

① 《1844年经济学哲学手稿》,中共中央编译局译,人民出版社,2018,第56页。
② 联合国教科文组织总部中文科编《教育—财富蕴藏在其中》,教育科学出版社,1996,第76页。

（二）学校方面：加强中小学与高校劳动教育的有机衔接

应将劳动教育作为学生从高中到大学阶段过渡的重要支撑。教育是一个系统工程，整体性、关联性、时序性等构成了教育系统的基本特征。在这个系统工程中，教育是个动态的概念。基础教育理应与高等教育紧密相连，共同构成教育的系统工程，共同服务于培养合格人才这一终极目标。就目前我国教育系统现状来看，基础学校的劳动教育与高校劳动教育脱节的现象非常明显，给培养合格人才带来了极大障碍。因此，加强基础学校劳动教育与高校劳动教育有效的过渡与衔接，是促使高校新生做好完善的专业选择、做出充足的劳动技能学习准备的有效措施之一。①

首先，在基础教育阶段开展各式各样的劳动实践课程，加强学生劳动技能的教育。国外的研究表明，劳动技能教育可以有效减轻包括焦虑和抑郁在内的多种心理障碍，促进学生心理社会能力的提高。② 多样化的课外实践活动对学生的课堂参与行为也起到积极的促进作用，能显著增加小学生的课堂积极参与行为，显著降低小学生的课堂消极参与行为，这是改善小学生课堂参与行为的有效途径之一。③ 其次，在基础教育阶段加强对学生专业规划的指导。"劳动是生命的底色"，专业规划教育的目标绝不仅仅是培养学生的学科选择能力与职业规划能力，"对个体的生命历程也有宽广而深远的透视"，④ 教给学生适应未来社会发展所需要的关键的劳动知识、劳动技能以及劳动态度，使之在人生的任何阶段都能主动、智慧、持久地适应社会，实现自我发展与终身发展。⑤

（三）企业方面：拓宽劳动实践渠道，肩负社会责任

每到毕业季，就会出现大学生毕业即失业的现象。就业问题不能依靠学生个

---

① 慕向斌：《基础教育与高等教育的有效衔接分析》，《教育与职业》2014 年第 3 期。
② 周凯、叶广俊：《生活技能教育对提高学生心理健康的干预研究》，《中国心理卫生杂志》2002 年第 16 期。
③ 王雁、林红等：《生活技能教育对小学生课堂参与行为的影响》，《教育学报》2008 年第 2 期。
④ 曾维希：《生涯发展的混沌特征与生涯辅导的范式整合》，《电子科技大学学报（社科版）》2012 年第 1 期。
⑤ 刘静：《高考改革背景下高中生涯规划教育的重新审视》，《教育发展研究》2015 年第 35 期。

人单向发力，社会各界同样需要出谋划策，从劳动教育方面着手提升毕业生对社会的适应能力。我们应该鼓励企业与高校进行合作，在提高科研成果利用率的同时，为高校学生提供更多实践实习的机会，把"论文写在大地上"、让"成果融进实践中"。事实上，劳动与劳动教育不仅仅体现在基础教育或者高等教育中，它是一个动态的过程，贯穿人的一生，劳动教育既需要学校教育阶段日积月累的准备工作——生活能力的不断培养、学习方式的不断调整、个人兴趣的不断挖掘，也需要政府、企业的不断帮扶。美国学者谢尔顿认为企业的社会责任包含道德因素，社会利益远远高于企业盈利。企业社会责任是其作为社会细胞对社会整体做出奉献的伦理要求，企业的责任是追求社会利益的最大化，而不是追求企业利润的最大化。[①] 因此，企业应肩负起应有的社会责任，对其服务对象纵向延伸到教育的各个阶段，对其服务内容横向延伸到各个层面，对基础教育及高等教育整个阶段给予全方位、多层次的综合指导，与学校建立合作共赢的关系，充分利用政府的经费，投入企业自身力量，开发劳动教育实践基地在内的多种劳动教育资源，使青少年在各式各样具体的劳动实践中获得劳动技能，树立正确的劳动价值观，拥有系统的自我规划能力、清晰的自我认识、良好的身心素质、独立思考的精神。

综上所述，虽然我国大学普及率已大大提高，但学生的劳动素质并没有成相应比例的大幅度提升。逃避劳动、厌恶劳动、好逸恶劳的现象层出不穷。从社会经济发展所需要的重点行业看，我们面临的是比过去更加严峻的"人才荒""高素质劳动力荒"。我们应该直面当前劳动及劳动教育中出现的问题，将理论分析与中国具体实践相结合，找到劳动育人、劳动成人的更好路径，使青少年在新时代承担起民族复兴的大任，成为全面发展的高素质人才。

（编辑：曲霞　丁红莉）

---

① 高展、金润圭：《企业社会责任理论研究与拓展》，《企业经济》2012 年第 31 期。

Labor Education for College Students from the Perspective of "Five Education Integration"

Ning Bentao, Sun Huiping

Abstract: With the introduction of a series of national policies, colleges and universities began to pay attention to labor education, and the promotion of labor education has made great progress. However, the comprehensive effect of labor education is still unsatisfactory. To make labor education for college students real, effective and sustainable, it still faces with utilitarian labor value orientation, weak labor understanding, negative labor attitude and shallow labor content, which leads to the dilemma of "labor without education" and "education without labor". The reasons are not only the factors of historical development, but also the influence of social environment. To breaking through the dilemma, it is urgent to set up a new paradigm of labor education from "making a living by working" to "promoting the whole through working", rebuild schools, families, enterprises and other fields to share the responsibility, and establish an implementation system of "diversified and coordinated" labor quality education with the government as the leading role, schools as the main body, families as the support and enterprises as the assistance.

Keywords: College Students; Labor Education; Five Education Integration

• 理论前沿 •

新时代劳动教育的价值意蕴与实践策略[*]

石丹淅 赖德胜

【摘　要】 新时代劳动教育是劳动价值观的教育,是秉持综合育人理念的教育,是融合传统劳动与新型劳动的教育,是与德育、智育、体育、美育互蕴互摄的教育。当前学校劳动教育存在劳动教育实际地位弱化、劳动教育课程体系不完善、劳动教育内容缺乏时代性、劳动素养评价体系不健全等突出问题。面临新使命新要求,学校劳动教育应重点在课程体系建设、教学内容更新、劳动素养评价等方面精准发力,协同变革,这有助于构建德智体美劳全面培养的教育体系,更好实现"以劳动托起中国梦"。

【关 键 词】 新型劳动;传统劳动;劳动素养;协同变革

【作者简介】 石丹淅,三峡大学法学与公共管理学院副教授;赖德胜,中央党校(国家行政学院)社会和生态文明教研部教授。

劳动是人类的本质活动,是财富与幸福的源泉,是推动人类社会进步的根本力量。[①] 习近平总书记在2018年全国教育大会上提出:"要在学生中弘扬劳动精神,教育引导学生崇尚劳动、尊重劳动,懂得劳动最光荣、劳动最崇

---

[*] 本文系中央党校(国家行政学院)校级科研项目"更充分更高质量就业的促进机制研究"(项目编号:2020YB007)、教育部人文社科研究青年基金项目"新常态下教育与自我雇佣的经验研究"(项目编号:17YJC880090)的阶段性研究成果。

[①] 《马克思恩格斯选集》第3卷,人民出版社,1972,第508~522页。

高、劳动最伟大、劳动最美丽的道理,长大后能够辛勤劳动、诚实劳动、创造性劳动。"① 这是对新时代劳动教育精神实质与目标内涵的生动归纳,体现出劳动教育的价值旨归,凸显了党和国家对于劳动教育的重视。2020年3月,中共中央、国务院正式发布《关于全面加强新时代大中小学劳动教育的意见》(以下简称《意见》),对新时代加强劳动教育做出了顶层设计和战略部署,并明晰了劳动教育目标、措施和内容,保障劳动教育制度化、规范化、程序化,标志着劳动教育进入全面实施阶段。② 为深入贯彻习近平总书记关于教育的重要论述,全面贯彻党的教育方针,落实《意见》文件精神,加快构建德智体美劳全面培养的教育体系,2020年7月,教育部进一步印发了《大中小学劳动教育指导纲要(试行)》(以下简称《指导纲要》),主要面向学校,重点针对劳动教育是什么、教什么、怎么教等问题细化要求,加强专业指导。③ 这为全面加强新时代劳动教育提供了根本遵循。然而,反观现实,近年来一些青少年中出现了不珍惜劳动成果、不想劳动、不会劳动的现象,劳动的独特育人价值在一定程度上被忽视,学校劳动教育正被淡化、弱化、窄化。面临新科技新产业与劳动新形态、新劳动方式,当前劳动教育还存在明显的时代性不足,面临着与劳动实践脱节("有教育无劳动")、与劳动教养脱钩("有劳动无教育")、"新劳动"教育与新"劳动教育"有效衔接不够等多重困境。新的历史方位下,如何高质量推进劳动教育,直接决定社会主义建设者和接班人的劳动精神面貌、劳动价值取向和劳动技能水平,是亟待解决的新课题。

一 新时代劳动教育的价值意蕴

劳动教育是新时期党对教育的新要求,是中国特色社会主义教育制度的重要内容,是全面发展教育体系的重要组成部分。深刻把握新时代劳动教育的重要意义和丰富意蕴,深化理论认知,提高广大教育者的思想政治站位、强化行动自觉,是高质量推进劳动教育的重要前提。

---

① 《坚持中国特色社会主义教育发展道路 培养德智体美劳全面发展的社会主义建设者和接班人》,《人民日报》2018年9月11日。
② 《中共中央 国务院关于全面加强新时代大中小学劳动教育的意见》,《人民日报》2020年3月27日,第1版。
③ 《〈大中小学劳动教育指导纲要(试行)〉印发 把劳动教育落到实处》,《人民日报》2020年7月16日。

(一) 新时代劳动教育是劳动价值观的教育

《意见》关于劳动教育的指导思想是,"以习近平新时代中国特色社会主义思想为指导,全面贯彻党的教育方针,落实全国教育大会精神,坚持立德树人,坚持培育和践行社会主义核心价值观,把劳动教育纳入人才培养全过程……促进学生形成正确的世界观、人生观、价值观"。将"把准劳动教育价值取向,引导学生树立正确的劳动观,崇尚劳动、尊重劳动,增强对劳动人民的感情,报效国家,奉献社会"作为全面加强新时代劳动教育的基本原则之一。《意见》还鲜明提出劳动教育总体目标,即"通过劳动教育,使学生能够理解和形成马克思主义劳动观,牢固树立劳动最光荣、劳动最崇高、劳动最伟大、劳动最美丽的观念;体会劳动创造美好生活,体认劳动不分贵贱,热爱劳动,尊重普通劳动者,培养勤俭、奋斗、创新、奉献的劳动精神;具备满足生存发展需要的基本劳动能力,形成良好劳动习惯。"从《意见》确立的"指导思想"、"基本原则"和"总体目标"来看,学校劳动教育的根本性质是劳动价值观教育。正确理解新时代劳动教育本质属性有助于从整体性层面把握劳动教育内涵全貌,有利于平衡好学校劳动教育发展性功能和约束性功能[1],有益于避免学校劳动教育"泛化"、"矮化"和"窄化"。[2]

(二) 新时代劳动教育是坚持综合育人理念的教育

新时代劳动教育立足于人的整体性和全面性发展,强调遵循教育规律,"以体力劳动为主,注意手脑并用、安全适度,强化实践体验",突出社会性和实践性,这对健全和完善学生人格发挥着重要作用。《意见》充分肯定劳动教育"具有树德、增智、强体、育美的综合育人价值",要求全党全社会必须高度重视,并进一步强调,"实施劳动教育重点是在系统的文化知识学习之外,有目的、有计划地组织学生参加日常生活劳动、生产劳动和服务性劳动,让学生动手实践、出力流汗,接受锻炼、磨炼意志,培养学生正确劳动价值观和良好劳动品质"。全面把握劳动教育的内涵,有助于转变劳动教育"技术化"的片面理解,扭转

---

[1] 张应强:《新时代学校劳动教育的定性和定位》,《重庆高教研究》2020年第4期。
[2] 《新时代中国特色社会主义劳动教育的本质与独特价值——访教育部职业技术教育中心研究所副所长曾天山研究员》,载中国劳动关系学院劳动教育中心主办《劳动教育评论》第1辑,社会科学文献出版社,2020,第1~11页。

"没有劳动教育"、"没有劳动的教育"或"没有教育的劳动"的形式主义现象,① 提高劳动教育的科学性。其最终目的是,不管组织学生参加什么样的劳动,都需要围绕劳动教育的目标,对劳动实践过程进行精细设计,分析实现有关目标的关键环节和支撑要素,让学生身验之、心悟之,使学生不仅拥有灵巧的手、聪明的脑,能创新、善思维,还对劳动、劳动者持有一颗温暖的心。②

(三) 新时代劳动教育是融合传统劳动与新型劳动的教育

《意见》强调劳动教育要体现时代特征,指出新时代劳动教育要"适应科技发展和产业变革,针对劳动新形态,注重新兴技术支撑和社会服务新变化"。《指导纲要》也进一步明确了劳动教育的基本理念,提出要"继承优良传统,彰显时代特征","在充分发挥传统劳动、传统工艺项目育人功能的同时,紧跟科技发展和产业变革,准确把握新时代劳动工具、劳动技术、劳动形态的新变化,创新劳动教育内容、途径、方式,增强劳动教育的时代性"。纵观实践,随着现代信息技术迭变,人类社会已迈入了以大数据、云计算、智能机器人、区块链为标识的智能时代,传统劳动方式和组织形态发生深刻变革,劳动尤其是大学生劳动越来越呈现出创造性、协作性、非物质性的特点。③ 加之我国"双创"战略的稳步实施,以及后疫情时代灵活就业和平台就业涌现,都对新劳动教育提出更高要求,亟须动态平衡好、融合好传统劳动教育与新型劳动教育,进而实现劳动教育再发展。

新型劳动教育可以从"新劳动"教育和"新"劳动教育两个层面深化理解。所谓"新劳动"教育,是针对劳动教育的时代内涵而言的,是指基于新的劳动形态和劳动方式的劳动教育。④ 而"新"劳动教育,则是针对劳动教育的新性质而言的,其在立场、内容、功能、实践等方面都与改革开放前基于"思想改造"目的的劳动教育有着本质不同。⑤ 融合好传统劳动教育与新型劳动教育并贯穿大、中、小学始终,真正聚焦劳动素养培养。正如《指导纲要》所说:"在安排

---

① 潘玉驹、陈文远:《新时代大学生劳动教育改革的实现路径》,《光明日报》2019 年 6 月 6 日。
② 褚宏启:《21 世纪劳动教育要有更高立意和站位》,《中小学管理》2019 年第 9 期。
③ 潘玉驹、陈文远:《新时代大学生劳动教育改革的实现路径》,《光明日报》2019 年 6 月 6 日。
④ 班建武:《"新"劳动教育的内涵特征与实践路径》,《教育研究》2019 年第 1 期。
⑤ 张应强:《新时代学校劳动教育的定性和定位》,《重庆高教研究》2020 年第 4 期。

生产劳动和服务性劳动项目时，中小学要以使用传统工具、传统工艺的劳动为主，引导学生体会劳动人民的艰辛与智慧，传承中华优秀传统文化，兼顾使用新知识、新技术、新工艺、新方法的劳动。职业院校、普通高等学校要注重结合产业新业态、劳动新形态，选择现代农业、工业、服务业项目，提升创造性劳动能力。"

（四）新时代劳动教育是与德育、智育、体育、美育互蕴互摄的教育

《意见》指出："劳动教育是国民教育体系的重要内容，是学生成长的必要途径，具有以劳树德、以劳增智、以劳健体、以劳育美、以劳创新的综合育人价值。"这就需要我们在全面发展教育思想指导下认识"劳育"与其他"四育"之间的互动关系，唯此才能准确理解劳动教育的精要。具体来看，首先，德、智、体、美、劳五育存在于"整体的教育"之中，摒弃整体的教育和全面发展的教育思想，空谈劳动教育，将失去其独特存在的价值，只会犯"把树木当森林"的错误。其次，尽管劳动教育和其他"四育"之间关系密切，但劳育也有其独特功能。通常而言，德育侧重于解决教育对象的世界观、人生观问题，智育侧重增进知识、开发智能，体育促进身体发育和机能发展，美育陶冶情操、塑造心灵，而劳动教育则侧重培养劳动观念，培育劳动技能。"五育并举"，才能培养出全面发展的人。但值得进一步说明的是，在实践中，我们又往往很难清晰划分"劳育"与其他"四育"之间的边界，原因在于，"劳动教育里既有价值观教育，也有创造力、美感、身体素质的锻炼"，①"五育"之间更多的是互蕴互摄的关系。最后，从培养学生正确的劳动价值观视域看，不能盲目拔高和夸大学校劳动教育的作用。因为劳动教育在本质上属于社会教育领域，学校劳动教育只是劳动教育的实施领域或实施途径之一。只有强调系统性、整体性与协同性的有机统一，才能更好地推进学校劳动教育发展。

二 当前劳动教育的主要困境

新中国成立以来，我国劳动教育先后经历了探索与创新、跃进与偏离、规整

---

① 檀传宝：《开展劳动教育必须解决好的三大理论问题》，《人民教育》2019 年第 17 期。

与失衡、整合与削弱、重塑与再出发五个阶段,[①] 呈现出从人的全面发展视域下定位劳动教育、构建具有中国特色劳动教育体系等一系列典型特征。然而,由于种种因素,无论在中小学,还是在大学,当前我国劳动和劳动教育都还存在一些较为突出的问题,这制约着劳动教育应有效能的转化。其主要体现如下。

(一)劳动教育实际地位弱化

习近平总书记指出,要努力构建德、智、体、美、劳全面培养的教育体系,形成更高水平的人才培养体系。这就是说,"必须构建全面、系统、整体性的教育体系,而不能简单地突出某一个方面的教育,也不能分割地去进行某一方面的教育,只有全面、系统、整体地考虑德育、智育、体育、美育以及劳动教育,才能真正实现立德树人根本任务,实现教育的高质量发展"。[②] 在当前教育实践中,每个地方对劳动教育的重视程度、宣传效度、执行力度不一致,整个社会应试教育氛围的惯性压力依然很大,这在一定程度上"挤占"了劳动教育应有的时空地位。具体表现如下。

一是对劳动教育思想认识不足。整个社会对劳动教育在人的全面发展中应有的功能和价值认识不够,对劳动教育的理解、实施简单化、世俗化,对劳动教育的教育性、基础性、全局性认识碎片化、松散化,对劳动教育综合育人价值的把握不到位,甚至一定程度上被忽视、淡化。

二是在学校教育教学实践层面,各级各类学校为了追逐"应试教育"的利益,劳动教育在教学体系、教材体系、管理体系中仍然处于弱势地位。有些地方对待劳动教育的态度是"上边拨一拨,下面就转一转,你不拨我不转""走着瞧,试着看,应付办"[③]。有的地方尚未开始劳动技术课程,或迫于上级考核压力和迎合社会公众心理象征性地开设一些课程,"两张课程表",各有"小算盘"。

三是在家庭配合方面,家庭在劳动教育中未能发挥基础作用。在现实中,为了应对升学考试,加之不少子女多为独生子女,相当一部分家庭淡化和放弃劳动教育,家长并没有为子女树立崇尚劳动品质、参加家务劳动起到引路人、培养者

---

① 王飞:《新中国劳动教育70年回顾与展望》,《教育史研究》2019年第3期。
② 韩震:《劳动教育在构建教育体系中的基础性全局性地位》,《中国高等教育》2018年第24期。
③ 徐长发:《新时代劳动教育再发展的逻辑》,《教育研究》2018年第11期。

作用,助长了一些青少年不珍惜劳动成果、不爱劳动、不会劳动、不懂劳动等现象。比如,有调查研究显示,当前我国小学生一、二年级周一至周五平均家务劳动时间仅 17.33 分钟,三至六年级为 17.49 分钟,初中生为 17.02 分钟,中小学生的家务劳动时间不足。①

(二)劳动教育课程体系不完善

课程是一个复合概念,从整体上讲,其包括教学内容和教学进程两大体系。劳动教育课程是劳动教育目标的具体化,是实施劳动教育教与学活动的共同依据,是衡量劳动教育质量的重要标尺。课程也可进一步划分为隐性课程(Hidden Curriculum)和显性课程(Manifest Curriculum)。当前劳动教育课程体系不完善主要体现在以下几个方面。

一是劳动教育课程地位不够明确。尤其是在中西部地区和欠发达区域,劳动教育课程只是综合实践活动课程的一个部分,劳动课程实施中存在理论上抽象、实际上虚化、理念上强调、实操上弱化、名义上强化、课时上减少等突出问题。如有调查显示,当前小学生平均每天的劳动时间只有 12 分钟,②劳动时间和劳动能力"双赤字"现象十分突出。另外,综合实践活动课程通常强调活动性、工具性、技术性,这也必然影响劳动教育在国民教育体系中的战略地位。

二是劳动教育课程开发与设计缺乏系统性、科学性和开放性。新时代劳动教育课程明显不同于传统意义上的劳动技术课程,劳动课程更应注重系统和科学的规划与设计,体现其阶段性、连贯性和进阶性。然而,当前一些地方在教材建设上明显缺乏课程标准指引,各自为政,甚至脱节、缺项,学段学龄链条没有形成或内在知识逻辑紊乱,缺少与时俱进的、跨界跨域的课程研发,劳动教育与劳模精神、工匠精神融合的课程,劳动教育与职业生涯规划、就业创业教育跨界交互的课程,劳动与法律、劳动与安全、劳动与消费、劳动与闲暇、劳动与技术进步、劳动与社会保障等方面的课程更为少见。

三是在课程教学层面,政府、社会、学校、家庭对劳动教育缺乏统整

---

① 顾建军:《居家劳动也是一种教育(新论)》,《人民日报》2020 年 3 月 13 日。
② 王莹、郑天虹、蒋芳:《小学生每天劳动 12 分钟,中小学劳动教育面临家校社三缺位》,环球网,2019 年 6 月 10 日,https://3w.huanqiu.com/a/04845e/7NoaFMKEOqc?agt=46。

(Curriculum Integration) 机制。显性课程不够专业，隐性课程不够丰富，第一课堂与第二课堂缺乏联动，劳动实践与劳动理论缺乏联结，专业专任师资队伍短缺，活动课程实践场所单一，课程教学资源缺乏积累，课程设置缺乏整体性，课程设备陈旧、老化，课程经费充裕性无法保证等，都是当前较为普遍现象。

（三）劳动教育内容缺乏时代性

劳动本身是面向"事实"而"求是"的实知、实做。① 面对人工智能时代，基于劳动新形态，及时丰富、发展"新劳动"教育和"新"劳动教育，显得格外重要。面对"实事"而非"虚事"开展劳动教育，是年轻一代摆脱"幻象"回归"真实"的重要指引。中国特色社会主义新时代有众多标识化的表征，至少体现四个"新"，即新的历史方位、新动能、新矛盾和新征程。伴随新时代的四"新"变化，我国经济社会也跃进工业4.0时代，智能生产、智能产品、生产服务化、云工厂（共享经济与平台就业）、虚实交互等是工业4.0时代的主要特征。2020年伊始暴发的新冠肺炎疫情加速了劳动世界的不确定性。这些共同的因素使对劳动的内涵与形态都有了新的认识，如劳动变得非标准化，劳动主体也更加多元，新时代劳动主体不再仅限于体力劳动者，也包括脑力劳动者和万千创业者，且后者日渐成为劳动主体。劳动形式也更加多样，不仅包括体力劳动，还包括科技劳动、管理劳动、新型服务性劳动等形式。劳动领域也更加丰富，不仅限于生产领域，还有非物质生产领域，更有虚拟生产领域。

上述劳动场域和工作世界的新变化，对劳动教育赋予了新要求。新时代劳动教育内容应该是一个既获取活性劳动知识（Affectual Labor Knowledge），又学习感性劳动知识（Perceptual Labor Knowledge），还习得理性劳动知识（Conceptual Labor Knowledge）的动态平衡过程，进而实现"知、情、意"三位一体的劳动教育。② 然而，在社会实践中，当前大中小学校劳动教育内容在活性知识、感性知识、理性知识之间发展不平衡不充分，劳动教育内容滞后，大中小学劳动教育

---

① 卢晓东、曲霞：《大学劳动教育课程框架、特征与实施关键：基于劳动要素的理论视野》，《中国大学教学》2020年第Z1期。
② 刘向兵、赵明霏：《构建新时代高校劳动教育体系的理论逻辑与实践路径——基于知识整体理论的视角》，《中国高教研究》2020年第8期。

内容不能实现循序渐进、有机衔接，劳动教育内容与实践脱节、与劳动教养脱钩、与新劳动脱离等问题都变得更加突出。①

（四）劳动素养评价体系不健全

著名教育学家苏霍姆林斯基认为，"劳动素养不只是包含完善的实际技能和技巧，还包含劳动活动在一个人精神生活中的作用和地位，以及劳动创造中的充实的智力内容、丰富的道德意义和明确的公民目的性"。②可见，劳动素养是个多维度概念，具有明显的内生性和自主性。综合来看，劳动意识、劳动观念、劳动能力、劳动成果是劳动素养的核心要素，③这决定了劳动素养评价理应是多维、多层次的。而在现实中，与其他"四育"相比，劳动教育领域，既缺少一套行之有效的专门劳动素养评价体系，又缺少劳动素养评价与学生综合素质测评融合机制以及劳动素养监测评价系统，使得劳动素养评价应有作用没有展现出来。

一是劳动意识评价还未真正形成。人类劳动活动是有意识的。评价学生劳动意识的深层次目的在于培育其正确的劳动动机和劳动态度。当前大中小学校对劳动意识评价不够重视，同级同层次劳动意识评价指标体系具有随意性、主观性，也缺乏国际视域中的比较与借鉴，使得大中小学生劳动意识淡薄，问题不可小觑，距离《意见》所提出的"引导学生崇尚劳动、尊重劳动，增强对劳动人民的感情……培养勤俭、奋斗、创新、奉献的劳动精神"还有较大的距离。

二是劳动观念评价还未真正成熟。劳动观念是人们对劳动的看法和态度。劳动观念评价的最终价值是引导广大青少年"牢固树立劳动最光荣、劳动最崇高、劳动最伟大、劳动最美丽的观念，体会劳动创造美好生活，体认劳动不分贵贱，热爱劳动，尊重普通劳动者"。现存劳动观念评价存在虚化、悬浮化、漂移化特点，一些地方在开展劳动素养评价时甚至还存在跳跃、缺项问题。

三是劳动能力评价还未真正定型。劳动能力是人们进行劳动工作的能力，包括生产能力和配置能力。前者通常体现为劳动知识、技术技能等，后者更多呈现为非认知能力，以及劳动创新创造性等。新时代劳动能力与传统工作场域中的劳

---

① 李成：《新时代大中小学劳动教育内容一体化的实践要求》，《思想教育研究》2020年第7期。
② 〔苏〕苏霍姆林斯基：《帕夫雷什中学》，赵玮等译，教育科学出版社，1983，第362页。
③ 刘丽红、丁连安：《构建科学合理的学生劳动素养评价体系》，中国社会科学网，2020年4月30日，http://ex.cssn.cn/zx/bwyc/202004/t20200430_5121243.shtml。

动能力内核不同，劳动能力的内生、多重、动态等特性，使得劳动能力的评价始终存在较大挑战。

四是劳动成果评价还未有效开展。劳动能使学生学会生活、学会生存、学会交往、学会发展，塑造健康的身心，培养吃苦耐劳精神和工作生活责任心。强调劳动成果评价对塑造"完人"具有重要意义。目前还存在对劳动成果识别不精准、追溯不精细、运用不充分、激励不到位等诸多问题。

三 全面推进劳动教育的实践策略

全面加强新时代大中小学劳动教育，是开启全面建设社会主义现代化国家新征程、向第二个百年奋斗目标进军的战略需要，是新的历史方位下人民追求美好生活的必然要求，是加快构建德、智、体、美、劳全面培养的教育体系的现实回应。党的十九大报告提出："要建设知识型、技能型、创新型劳动者大军，弘扬劳模精神和工匠精神，营造劳动光荣的社会风尚和精益求精的敬业风气。"劳动教育直接决定着社会主义建设者和接班人的劳动精神面貌、劳动价值取向和劳动技能水平，对培养新时代更好更多的劳动者大军具有重大支撑作用。面临新使命新要求新任务，基于本文研究，新时代学校劳动教育应重点在课程体系建设、教学内容更新、劳动素养评价等方面精准发力，协同变革，才能真正实现"以劳动托起中国梦"。

（一）建构综合性、实践性、开放性、针对性劳动教育课程体系

劳动教育课程是新时代劳动教育实施的重要途径，劳动教育课程体系是实现新时代劳动教育目标的关键支撑。要以习近平新时代中国特色社会主义思想为指导，加强"课程劳育"，整体优化学校课程设置，将劳动教育纳入中小学国家课程方案和职业院校、普通高等学校人才培养方案，形成具有综合性、实践性、开放性、针对性的劳动教育课程体系，促使劳动教育内容与时代发展同频共振。

对于中小学而言，首先，必须因校制宜地确定契合学段、学龄的课程目标。课程目标的构建需要同步参考《意见》中的劳动教育总体目标、中国学生发展核心素养指标体系中劳动意识目标以及学校自身已积累的劳动教育基础等因素。[1] 其

---

[1] 牛瑞雪：《中小学如何构建劳动教育特色课程体系——落实〈关于全面加强新时代大中小学劳动教育的意见〉的实践策略》，《课程·教材·教法》2020年第5期。

次，遴选适宜的课程内容。课程内容应科学安排，有所侧重，因地制宜，凸显特色。最后，课程结构要合理。既要确立核心课程，确保中小学劳动教育课每周不少于1课时，又要注重编制多学科支撑的课程，如中小学道德与法治（思想政治）、语文、历史、艺术等学科要有重点地纳入马克思主义劳动观、中华民族优良传统的内容，数学、科学、地理、技术、体育与健康等学科要注重培养学生劳动的科学态度、规范意识、效率观念和创新精神，还要积极开发校外课程，重视发挥家庭、社会的基础作用和支持作用。①

对于职业院校而言，尤其要在劳动教育课程体系衔接、课程考核评价、师资队伍建设和校园文化熏陶等方面加强统筹规划与设计。② 首先是要重视中高职劳动教育课程体系有效衔接，使课程能够相互呼应、融合。从课程目标看，前者劳动教育课程应重基础强应用，后者则重实践强创新；从课程内容看，以关键劳动能力为课程设计中心，实现中高职劳动课程序列化、逻辑化、进阶化和时代化，基于"职业人"培育视角，积极建构新科技、新业态、双创等方面的知识。其次是健全过程性课程考核评价机制。积极推行以过程考核与实绩考核、直接考核与间接考核、横向与纵向评价、定期与非定期评价等相结合方式测度课程质量。再次是课程师资队伍的多元化。鼓励"双师型"专业教师、"理论型"专职教师、"社会型"兼职教师齐上阵。最后是加强劳动教育与校园文化建设相交融，使劳模精神、劳动精神和工匠精神成为每个学生的职业信仰。

对于普通高校而言，大学阶段劳动教育重在深入理解劳动的本质规定、劳动的创造价值、劳动的普遍意义。因此，要突出做好以下工作。

一是"思政劳育"要牢。高校劳动教育与思想政治教育的目标相通，两类教育亟须深度黏合，挖掘思政课程中蕴藏的劳动教育教学资源，加强劳动教育的道德引领，培养学生端正的劳动价值观和劳动品质品德，努力成为德智体美劳全面发展的社会主义建设者和接班人。

二是"专业劳育"要稳。高校各类专业教育都具有丰富的劳动属性与劳动指向。劳动教育与专业教育、创新创业教育是同构共生的。一方面，要积极引导教师探索专业教育中专业劳动精神，研究专业劳动伦理和劳动发展趋势，全面提

---

① 孙进、陈囡：《德国中小学的劳动教育课程：目标·内容·考评》，《比较教育研究》2020年第7期。
② 杨秋月：《职业院校劳动教育课程体系如何构建》，《中国教育报》2020年6月9日。

升学生专业能力和职业能力;另一方面,也要加强劳动教育与创新创业教育在目标、课程、实践、师资方面的嵌套设计,形成劳动教育、专业教育、创新创业教育三者融合的大"专业劳育"生态系统。

三是"实践劳育"要实。高校社会实践活动包括社会调查、生产劳动、创新创业、志愿服务、公益活动、勤工助学等。① 要主动做好高校社会实践活动这类隐性课程的大文章,有序推进第一课堂与第二课堂深入融合,积极开展"劳动周"或"劳动月",培养学生自身能力以及服务他人、社会的情怀。

四是"课程劳育"要新。《意见》指出,"普通高等学校要明确劳动教育主要依托课程,其中本科阶段不少于32学时"。为此,首先是开好高校劳动教育必修课。劳动教育课程既有别于高校思想政治课,又不同于专业课,其价值是对学生进行系统劳动科学知识教育。其次是开足劳动教育选修课,形成相对成熟定型的"劳动+"课程体系,如劳动哲学、劳动伦理学、劳动经济学、劳动社会学、劳动教育学、劳动文化学等。

五是"学术劳育"要强。劳动教育与劳动研究是密切相关的,面临新技术新产业新业态,运用科学的理论与方法对劳动教育现象和新问题开展有效学术探讨,有助于更好地把握劳动教育规律和劳动世界魅力,最终能全面促进学生劳动素养的提升。

(二) 加强面向真实世界的劳动教学内容更新

教学内容是指教学过程中同师生发生交互作用、服务于教学目的的动态生成的素材及信息,教学内容的更新不能简单理解为教材的更新。为此,《意见》前瞻性地指出,要"根据教育目标,针对不同学段、类型学生特点,以日常生活劳动、生产劳动和服务性劳动为主要内容开展劳动教育。结合产业新业态、劳动新形态,注重选择新型服务性劳动的内容"。分级分类、面向真实世界、动态优化是加强劳动教育内容更新的关键。只有基于不同学段学情,面向"事实"去"求是",才能使劳动教育内容不与实践脱节、不与劳动教养脱钩、不与"新劳动"脱离。

对于中小学而言,小学低年级主要以个人生活起居为教学内容开展劳动

---

① 刘向兵、赵明霏:《构建新时代高校劳动教育体系的理论逻辑与实践路径——基于知识整体理论的视角》,《中国高教研究》2020年第8期。

教育，注重培养劳动意识和劳动安全意识，使学生懂得人人都要劳动，感知劳动乐趣，爱惜劳动成果。小学中高年级要以校园劳动和家庭劳动为主要内容开展劳动教育，体会劳动光荣，尊重普通劳动者，初步养成热爱劳动、热爱生活的态度。初中学段，要兼顾家政学习、校内外生产劳动、服务性劳动，安排劳动教育内容，开展职业启蒙教育，体会劳动创造美好生活，养成认真负责、吃苦耐劳的劳动品质和安全意识，增强公共服务意识和担当精神。高中阶段，则需要注重围绕丰富职业体验，开展服务性劳动和生产劳动，理解劳动创造价值，接受锻炼、磨炼意志，塑造劳动自立意识和主动服务他人、服务社会的情怀。

对于职业院校而言，职业教育的特性决定了劳动教学内容应更加凸显其科学与技术性、职业性和实用性，更加强调通过与社会、行业、企业时时联动来动态优化和再设计劳动教学内容。《指导纲要》强调，职业院校劳动教育目标是"重点结合专业特点，增强学生职业荣誉感和责任感，提高职业劳动技能水平，培育积极向上的劳动精神和认真负责的劳动态度"。为此，要积极强化劳动教育与职业教育的有机渗透。职业教育课程主要包括普通教育课程、专业课程和实训课程三大类型。其中，第一类课程旨在培养"社会人"，第二、第三类课程则以"职业人"和"工作人"为目标。[①] 三类课程教学目标与职业教育阶段劳动教育目标是一脉相承、价值相通的。建立健全三类课程的多重嵌套机制，能高效培育学生精益求精、追求卓越的工匠精神和爱岗敬业的劳动态度，以及社会公德与爱国爱民情怀，使学生实现自身劳动自立自强意识和能力的提高，并通过专业技能为社会、为他人提供相关公益服务。

对于普通高校而言，劳动教学内容的更新就是要将科学的发展和真实劳动世界的发展及时反映出来，使学生深刻理解马克思主义劳动观和社会主义劳动关系，树立正确的择业就业创业观，积极开展服务性劳动，强化公共服务意识和面对重大疫情、灾害等危机时的主动作为的奉献精神以及提高其在生产实践中发现问题和创造性解决问题的能力。大学劳动教学内容的更新通常是通过多层次、多途径进行的，并与劳动科学前沿动态相连。

大学劳动教育教学内容更新的多层次性体现为论证材料的更新、理论观点的

---

① 冷余生、解飞厚：《高等教育学》（修订版），湖北人民出版社，2011，第261页。

更新和学科体系的更新。第一层次是指在论证劳动教育理论观点时,尽可能用最新的数据或论据取代过时的材料,增强理论观点的时代感与说服力。如强化马克思主义劳动观教育时,多用新时代先进典型、劳模事迹去论证会更好。第二层次是理论观点的更新,即通过取代性、补充性或介绍性手段,把新的理论或思想融入劳动教育中,全面塑造学生素养,如将习近平新时代中国特色社会主义思想引入劳动教学中。第三层次是最高层次的更新,是劳动教学内容整体性的全面更新。

大学劳动教育教学内容更新的多种途径则表现为讲授内容的更新、指导学生通过课外阅读扩充新知识,以及教材的更新。此外,大学劳动教学内容更新还要与劳动科学前沿动态相连。让学生及时接触劳动教育领域科学前沿的主要价值在于,既能激发大学生对劳动科学的兴趣,又能激发大学生的创新精神与奋斗精神,还能让大学生了解劳动科学发展的最新成果与发展方向,培养大学生自身的创造能力。比如,在智能时代和工业4.0社会,大数据、云计算、智能机器人等创造了很多新产业新业态新经济,但也对未来劳动世界带来了新的不确定性。[①] 如何用好技术进步红利,促进个人和社会更好发展,既是经济学家探讨的议题,也是教育学家亟须思考的问题。

(三)构建科学合理可行的学生劳动素养评价体系

正如上文所述,学生劳动素养评价体系至少包括劳动意识、劳动观念、劳动能力、劳动成果四个层面的评价。只有将作为人的内在素养外显化后才能较为准确地评测与衡量,可见,探究学生劳动素养外显化的评价载体与呈现形式尤为重要。有研究从"志愿服务""社会实践""日常行为"三个维度开展学生劳动素养评价,[②] 值得进一步关注和借鉴。首先,大量的学生志愿服务活动,能塑造和培育学生实践的能力和无私奉献的精神,增强学生的劳动意识和劳动素养。其次,社会实践活动为学生提供了与社会全方位交流的真实场景,能够使学生更加直观地感受劳动创造价值的意义,理解劳动价值的内涵,塑造成熟的职业素养和

---

① 罗楚亮、梁晓慧、滕阳川:《面向真实世界的劳动经济学研究——第三届劳动经济学前沿论坛综述》,《经济研究》2019年第8期。
② 刘丽红、丁建安:《构建科学合理的学生劳动素养评价体系》,中国社会科学网,2020年4月30日,http://ex.cssn.cn/zx/bwyc/202004/t20200430_5121243.shtml。

道德品质，形成尊重劳动、热爱劳动的真挚情感。最后，劳动是一种特殊的人类活动，通过日常行为的劳动可以更好地生成、塑造与展现劳动者自身的劳动素养，因此也应从劳动成果的维度予以体现。

此外，劳动素养评价体系应当与当前高校普遍实行的学生综合素质评价体系相一致，把劳动素养纳入综合素质评价的"五育"目标，从加强劳动教育的视角，进一步优化学生综合素质评价指标体系，切实提升劳动教育各项内容的重要性。为此，要进一步建立劳动素养评价的独立表彰机制、劳动素养评价结果的长期记录机制等，为学生评优评先、求职升学、择业就业、创新创业等提供有益参考，真正推动劳动教育在各级各类学校落地生根。

总之，推进学校劳动教育是一项系统工程、长期工程和复杂工程。新时期，只有始终坚持以习近平新时代中国特色社会主义思想为指导，紧紧围绕劳动教育总体目标与主要内容，精准把握劳动教育途径和关键环节，有序规划与实施，及时给予有利的条件保障与专业支持，劳动教育才能更高质量发展，德、智、体、美、劳全面培养的教育体系才能早日成功构建。

（编辑：胡玉玲）

The Value Implication and Practice Strategy of Labor Education in the New Era

Shi Danxi, Lai Desheng

Abstract：In the new era, labor education is the education of labor values, the education adhering to the concept of comprehensive education, the education integrating traditional labor with new type of labor, and the education with moral, intellectual, physical and aesthetic education. There are some prominent problems in current school labor education, such as the weakening of the actual status, the imperfect curriculum system, lack of contemporary content, and incomplete evaluation system. Faced with the new mission and requirements, school labor education should focus on the construction of curriculum system, the updating of teaching content, and the improvement of labor quality evaluation, so as to build an education system of comprehensive cultivation of morality, intelligence, physique, beauty and labor, to better realize "Chinese dream supported by labor".

Keywords: New Type of Labor; Traditional Labor; Labor Quality; Coordinated Change

• 理论前沿 •

以志愿服务推进新时代劳动教育发展的机制探析

战　帅

【摘　要】劳动教育与志愿服务在历史的演变上具有高度的契合性，在内涵逻辑上具有相通性，在价值取向上具有统一性，存在着固有的内在联系。本文通过研究两者的渊源、内涵、价值、实施路径等，揭示志愿服务是劳动教育的有效载体，并提出通过志愿服务推进新时代劳动教育发展的有益路径。

【关 键 词】志愿精神；劳动教育；志愿服务

【作者简介】战帅，中国劳动关系学院团委书记，法学博士。

2020年3月20日，中共中央、国务院印发《关于全面加强新时代大中小学劳动教育的意见》（以下简称《意见》），明确要求通过劳动教育，使学生能够体会劳动创造美好生活，体认劳动不分贵贱，热爱劳动，尊重普通劳动者，培养勤俭、奋斗、创新、奉献的劳动精神。①《意见》指出："鼓励高新企业为学生体验现代科技条件下劳动实践新形态、新方式提供支持。支持学生深入城乡社区、福利院和公共场所等参加志愿服务，开展公益劳动，参与社区治理。"② 志愿服务

---

① 《中共中央　国务院关于全面加强新时代大中小学劳动教育的意见》，《人民日报》2020年3月27日，第1版。
② 《中共中央　国务院关于全面加强新时代大中小学劳动教育的意见》，《人民日报》2020年3月27日，第1版。

是新时代开展劳动教育,弘扬劳动精神的一种有效载体,对推进新时代劳动教育发挥着积极的作用。

一 志愿服务的历史渊源

现代意义上的志愿服务起源于西方,新中国成立以后,志愿服务在中国蓬勃发展起来。志愿服务的内涵随着时代的变迁被赋予了新的意义,想要了解今天的志愿服务,我们必须追溯其发展历史及演变过程,进而深刻理解志愿服务和志愿精神的内涵。

(一) 西方志愿服务的历史演变

志愿服务的思想最早起源于古希腊罗马时期的公益慈善思想,人们强调"共同的善",追求社会的普遍幸福。哲学家亚里士多德认为,人类的一切实践活动都是以善为目的的。哲学家西塞罗也指出,没有什么比慈善和慷慨更能够体现人性中最美好的东西了。从他们的观点可以看出,慈善行为在当时被认为是一种最高尚的美德。从这里开始,西方的志愿服务与人类文明发展进程相伴随经历了三个阶段。

1. 博爱与救赎——西方志愿服务的萌芽阶段

16世纪至19世纪初是西方志愿服务的萌芽阶段。西方的志愿服务起源于宗教性的慈善服务,首先由教会发展起来,旨在积德以求善报。教会的教徒通过扶老济贫等行为来履行教规教义,同时希望借此以求死后避免天谴,拯救灵魂,在当时,这种理念具有浓厚的宗教色彩,但已经包含现代志愿服务"助人自助"的理念。由于受到基督教博爱和人道思想的影响,英国和美国两个国家的志愿组织表现得较为活跃。英国为了协调政府和慈善组织之间的活动,在伦敦发起了"慈善组织协会"运动,简称"C.O.S",随后又组织了"推动校区改造运动",参加该运动的人成为志愿服务者。同时,美国的志愿服务组织也大量出现,1813年,美国妇女慈善团体开始招募志愿者,护理贫困的病人。在废奴运动中,出现了很多为奴隶解放而奋斗的志愿者团体,他们团结友爱、克服困难、互帮互助,逐渐形成了利他助人的团体精神。在这一阶段,教会组织是西方志愿服务发展的主体,基督教关于博爱的思想和慈善的观念成为西方志愿服务发展的精神来源,他们开展活动的出发点都是扶弱济贫，保护弱者。

2. 志愿与义工——西方志愿服务的发展阶段

工业革命后，技术的革新带来了西方国家社会经济结构的转型，加剧了西方社会各阶层的分化。一方面，出现了失业、罢工、贫困等问题，社会贫富差距问题进一步凸显；另一方面，人们的思想意识开始觉醒，更加重视个人权益的保护。19世纪末至20世纪初，欧美国家先后通过了一系列社会福利方面的法律法规，将保护社会弱势群体作为政府的职责之一。在政府失灵的区域，社会团体试图发起非政府的力量来保护社会弱势群体的利益。这些非政府组织的社会力量推动了志愿服务的发展。同时，欧洲在慈善组织的基础上诞生了第一批志愿服务组织。第一次世界大战期间，战争带来了重大破坏，交战国人民相互敌视，志愿服务组织主要服务国家重建，增强各国人民之间的理解和沟通。随后的第二次世界大战期间，越来越多的义工中心建立起来，以开展收集战备物资、送士兵上前线、看护伤兵等义工工作。这一时期，非政府组织的社会力量推动了志愿服务的发展。

3. 利他与社工——西方志愿服务的规范阶段

第二次世界大战以后，志愿服务工作的重心不仅在于调整被救助者的社会关系和改善他们的社会生活，更在于调整整个社会结构与社会关系。1960年，和平队将普通的美国人送到世界各地去从事义工工作，帮助当地发展的同时，也开阔了美国公民的视野，扩大了美国文化的影响力。伴随欧美国家社会福利事业不断发展，在西方国家社会福利发展的过程中，社会工作逐步发展且日趋规范，已成为一种由政府或私人社团所举办的广泛性的社会服务工作。伴随着社会工作的进步，逐步发展为由政府、社团和个人举办的具有广泛社会服务工作的志愿活动。第二次世界大战后，志愿服务的发展已经成为国际社会衡量一个国家和地区文明水平的重要指标。

（二）我国志愿服务的发展历程

志愿服务虽然是西方的舶来品，但西方志愿服务的核心内涵与中国的传统文化在本质上是一致的，这对中国志愿服务的发展起着积极的作用。

1. 雷锋精神——我国志愿服务的萌芽阶段

新中国成立后，为了解决当时粮食短缺的问题和青年的失业问题，北京市组织了青年志愿垦荒队,这是我国最早的有组织的志愿服务活动。活动一经发起,得到了全国各地的热烈响应,20 万名青年积极报名,自愿参加开荒种田,为解决国家粮食紧缺做出了突出贡献,这一活动成为新中国成立后最早的有组织的公益活动,也是当代青年志愿服务活动的萌芽。1963 年 3 月 5 日,毛泽东主席发出了"向雷锋同志学习"的号召,大力弘扬了全心全意为人民服务,为人民的事业无私奉献的精神。随后,"学雷锋活动"在全国迅速发展壮大,鼓舞了一代又一代的青年人,雷锋精神的内涵也在实践中不断丰富和发展。周恩来总理把雷锋精神概括为"爱憎分明的阶级立场、言行一致的革命精神、公而忘私的共产主义风格、奋不顾身的无产阶级斗志"。随着时代的发展,涌现了徐虎、郭明义等一批新时代的雷锋,他们的先进事迹和奉献精神,激励着一代代青年树立正确的价值观,无私奉献,报效国家。雷锋精神成为社会的一面旗帜,是我国工人阶级和劳动人民高贵品质的生动反映,更是中国志愿精神的延续和发展。

2. 政府主导——我国志愿服务的初建阶段

20 世纪 80 年代后期,我国开始组建正式的志愿服务机构,当代志愿服务真正兴起。三十多年来,志愿服务的组织不断健全,人数不断增加,内容不断丰富,不断朝着制度化、专业化、科学化、常态化的方向发展。民政部组织的社区志愿者和团中央组织的青年志愿者成为我国志愿服务的主要力量。1989 年,天津市和平区新兴街道积极响应民政部的号召,正式成立全国第一个"社区服务志愿者协会",这是我国最早的志愿组织;1987 年,广州市诞生全国第一条志愿者服务热线电话——"中学生心声热线",拉开了我国志愿服务事业的序幕;1990 年,深圳市建立的"深圳市义务工作者联合会"成为全国第一个正式注册的志愿者社团;1992 年,广东省佛山市在香港义工的帮助下,诞生了"义工团";① 1993 年,2 万余名铁道青年在团中央的指导下率先举起"青年志愿者"的旗帜,开展"为旅客送温暖"志愿服务。可以看出,我国的志愿服务模式是以政府为主导的。当时志愿服务组织主要活跃在京、津、粤等经济发达地区,后来逐渐向全国扩展。

3. 自上而下——我国志愿服务的组织推动阶段

这一阶段,共青团中央成立了由志愿从事社会公益事业与社会保障事业的各

---

① 谭建光、周宏峰:《中国志愿者从青年到全民——改革开放 30 年志愿服务发展分析》,《中国青年研究》2009 年第 1 期。

界青年组成的全国性社会团体——中国青年志愿者协会。这一组织机构的建立标志着我国志愿服务得到进一步发展。随后,我国志愿服务法制化建设启动,广东省发布国内第一部青年志愿服务条例,标志着我国志愿服务朝着组织化和法制化的进程迈进。同时团中央开展了"大学生青年志愿者社区援助活动",实施了"大学生志愿者扶贫接力计划""大学生志愿服务西部计划",开展了"保护母亲河"等活动,这些志愿服务活动为志愿服务在全国的普及奠定了坚实的基础。2000年,团中央将每年的3月5日"学雷锋纪念日"定为"中国青年志愿者日"。由此可见,我国的志愿服务在发展中带有鲜明的官方和精英色彩。

4. 全面发展——我国志愿服务的蓬勃发展阶段

这一阶段,中国志愿服务事业呈现着百花齐放的局面,相继出现北京奥运会志愿者、"5·12"汶川大地震志愿者、上海世博会志愿者等。这一阶段的志愿文化已经开始走向普及,一批批志愿者不仅产生了强烈的社会影响,也赢得了国际社会的广泛赞誉。同一时期,志愿服务的制度化建设也在积极推进,先后出台了《关于深入开展志愿服务组织的意见》《关于推进志愿服务制度化的意见》《学生志愿者管理暂行办法》《关于支持和发展志愿服务的意见》《志愿服务条例》等,这些制度对志愿服务的管理体制、权益保护、激励措施等做了全面的规定,标志着我国志愿服务进一步迈向制度化、专业化、国际化。

(三)我国志愿精神的形成

我国志愿精神的核心元素蕴含着优秀的中华传统文化,中华传统文化中仁爱、奉献、博爱互助、积德行善等思想为我国志愿服务的发展奠定了深厚的思想基础。儒家学说提出的"仁者爱人""老吾老,以及人之老;幼吾幼,以及人之幼""民胞物与""仁民爱物",墨家学说提出的"兼爱""非攻"等思想,佛教的慈悲观,道家思想的"善有善果,恶有恶报"的观念无不体现着对"他人"的关爱,与现代志愿精神强调"助人自助"的理念是一致的。

新中国成立后,雷锋精神代表着我国志愿服务的发展,全社会大力弘扬崇高的道德风尚和全心全意为人民服务的精神。进入经济社会转型期,以雷锋精神为代表的志愿精神与时俱进,挖掘了符合社会文明发展的核心价值,在推进社会治理现代化中扬正气、促和谐,引领社会力量的前进方向。2000年,江泽民同志做出重要指示:"青年志愿行动,是当代社会主义中国一项十分高尚的事业,体现了中华民族助人为乐和扶贫济困的传统美德，是大有希望的事业。努力进行好这些事业，有利于在全社会树立奉献、友爱、互助、进步的时代风貌。"① 共青团中央青年志愿者协会由此把"奉献、友爱、互助、进步"作为中国青年志愿者精神，将每年的"学雷锋日"确定为"中国青年志愿者服务日"，学雷锋活动在新的实践载体中也得以传承。

2019年，习近平总书记在致中国志愿服务联合会第二届会员代表大会的贺信中指出，"希望广大志愿者、志愿服务组织、志愿服务工作者立足新时代、展现新作为，弘扬奉献、友爱、互助、进步的志愿精神，继续以实际行动书写新时代的雷锋故事"。"奉献、友爱、互助、进步"的志愿精神蕴含了中国的传统文化、革命文化和社会主义先进文化，更反映了对"人文"的彰显和对社会"和谐"的追求。它立足于中国特色社会主义建设实践，是中国特色社会主义精神文明的体现，表达了人们对美好生活的共同向往和追求，对当代中国社会发展和精神文明建设产生了积极的影响。

二 志愿精神与劳动精神的逻辑关系辨析

志愿精神与劳动精神作为志愿服务与劳动教育的核心价值，都体现了奉献精神和促进社会进步的共同内涵，它们相互关联，互为补充。

（一）志愿精神与劳动精神内涵相通

《意见》指出："通过劳动教育，使学生能够理解和形成马克思主义劳动观，牢固树立劳动最光荣、劳动最崇高、劳动最伟大、劳动最美丽的观念；体会劳动创造美好生活，体认劳动不分贵贱，热爱劳动，尊重普通劳动者，培养勤俭、奋斗、创新、奉献的劳动精神；具备满足生存发展需要的基本劳动能力，形成良好劳动习惯。"其中，将劳动精神总结为"勤俭、奋斗、创新、奉献"。按照联合国志愿人员组织的理解，志愿精神是一种自愿的，不计报酬或收入的条件下参与推动人类发展、促进社会进步和完善社区工作的精神。共青团中央青年志愿者协

---

① 刘孜勤：《中国青年志愿服务发展的演进脉络》，《山东省青年干部管理学院学报》2009年第1期。

会把"奉献、友爱、互助、进步"作为我国青年志愿者精神。从我国关于劳动精神和志愿精神的界定中不难看出,二者都有着丰富的精神内涵,并且在精神实质上有相通之处,即奉献精神和促进社会进步的理念。

劳动精神和志愿精神的核心要义中均有"奉献"一词。《意见》强调高等学校要"注重培育公共服务意识,使学生具有面对重大疫情、灾害等危机主动作为的奉献精神"。由此可见,奉献精神是劳动教育的组成部分,是对自己事业不求回报的爱和全身心的付出,是全心全意为人民服务的精神。在联合国对志愿精神的定义中,可以发现"自愿""不计报酬或收入"等特征。在我国对志愿精神的定义中,志愿精神的精髓则是奉献,代表着无私、不计回报的付出。

劳动精神和志愿精神中都有促进社会进步的精神实质。2014年,习近平总书记在乌鲁木齐接见劳动模范和先进工作者、先进人物代表时指出"我们要在全社会大力弘扬劳动光荣、知识崇高、人才宝贵、创造伟大的时代新风,促使全体社会成员弘扬劳动精神,推动全社会热爱劳动、投身劳动、爱岗敬业,为改革开放和社会主义现代化建设贡献智慧和力量。"① 中国志愿者誓词彰显了促进社会进步的理念,"服务社会,践行志愿精神,传播先进文化,为建设团结互助、平等友爱、共同前进的美好社会贡献力量"。马克思指出:"劳动是推动人类社会发展的根本力量,也是通向伟大梦想的进步阶梯。"② 劳动精神的伟大之处,就是它能不断挖掘人的内在潜能,使劳动成为推动人类社会发展的根本力量。志愿精神从人的本质理论延伸而来,体现了人是一切社会关系的总和,任何人的发展都需要通过良好的社会关系来实现。志愿精神是志愿者出于对他人与公共利益的积极关注和积极参与,通过与不同社会成员间精诚团结、互惠互利的习惯,进而促进社会共同进步的目标。

综上所述,劳动精神和志愿精神在精神实质上是相通的,奉献精神和促进社会进步是劳动精神和志愿精神同质的精神内涵。同时奉献精神又是社会进步的发动机,对促进社会进步发挥着积极的作用。

---

① 《习近平在庆祝"五一"国际劳动节大会上的讲话》,新华网,2015年4月28日,http://www.xinhuanet.com/politics/2015-04/28/c_1115120734.htm。
② 刘向兵:《用干劲、闯劲、钻劲争做新时代奋斗者》,2020年5月1日,http://www.qstheory.cn/wp/2019-05/01/c_1124440656.htm。

(二) 劳动精神为志愿精神提供支撑

马克思在《资本论》中指出，劳动是人类的本质活动。劳动本身就是实践，劳动与实践通常是通用的，由此，我们也可以把劳动看成实践。[①] 志愿服务是社会实践，是实践育人的主要载体，属于实践的范畴。换言之，志愿服务和劳动教育存在内在关联，是后者包含前者的关系。教育部印发《大中小学劳动教育指导纲要（试行）》（以下简称《纲要》）指出，"强化马克思主义劳动观教育，注重围绕创新创业，结合学科专业开展生产劳动和服务性劳动，积累职业经验，培育创造性劳动能力和诚实守信的合法劳动意识"；"强化服务性劳动，自觉参与教室、食堂、校园场所的卫生保洁、绿化美化和管理服务等，结合'三支一扶'、大学生志愿服务西部计划、'青年红色筑梦之旅'、'三下乡'等社会实践活动开展服务性劳动，强化公共服务意识和面对重大疫情、灾害等危机主动作为的奉献精神"。[②] 所以，志愿服务作为服务性劳动的一种形式，是劳动教育的主要内容之一，在劳动教育中发挥着重要的作用。概而言之，志愿服务蕴含着丰富的劳动教育价值和劳动教育内涵。同时，人类的实践是以劳动为根基的，是从劳动中拓展开来的，志愿服务是以劳动实践为基础的，两者之间有着内在的关联。志愿精神和劳动精神作为志愿服务和劳动教育的精神实质，与志愿服务和劳动教育的内在联系是一致的，同时劳动精神为志愿精神提供支撑。

(三) 志愿精神是劳动精神的生动呈现

马斯洛的需要层次理论指出，人的需要从低级到高级分别为生理需要、安全需要、社交需要、尊重需要、自我实现需要。劳动精神和志愿精神属于个体高层次的自我实现需要，实现了人的全面成长，但志愿精神并不等同于劳动精神。志愿精神首先是利他的，并在利他的基础上实现了自我成长。志愿服务并不是一般的劳动，而是公益的、无私的、无偿的劳动。这就决定了志愿精神中"奉献"的内涵与劳动精神中"奉献"的内涵并不完全一致。在社会主义国家，我们实

[①] 徐长发：《新时代劳动教育再发展的逻辑》，《教育研究》2018 年第 11 期。
[②] 《大中小学劳动教育指导纲要（试行）》，教育部官网，2020 年 7 月 15 日，http://www.moe.gov.cn/srcsite/A26/jcj_kcjcgh/202007/t20200715_472808.html?from=singlemessage&isappinstalled=0。

行以按劳分配为主体，不能普遍做到"无私"，还要实行"有私"与"为公"相结合，并且"为公"成分需要比以往的社会增加。① 由此理解，劳动包含的有偿劳动，一般要索取报酬，劳动精神中的"奉献"更多地带有"为公"的属性。志愿精神中的"奉献"是志愿精神的精髓，体现了无私奉献的境界，则更多地体现为"无私"的属性。从奉献的主客体的角度来分析，奉献者通常要牺牲自己的利益来满足客体的需求，其中所牺牲的利益程度就能体现出奉献的层次了。而劳动精神中的奉献是奉献者部分的付出，志愿精神中的奉献是奉献者全部的付出。就此而言，志愿服务中的奉献可以视为一般劳动中奉献的提升，志愿精神是劳动精神的生动呈现。

三 劳动教育视域下志愿服务的价值分析

志愿服务蕴含着丰富的劳动教育价值和劳动教育内涵，彰显了劳动教育的时代价值，突出了劳动教育的实践价值，承载着劳动教育的育人价值，与劳动教育的价值具有内在统一性和高度契合性。

（一）志愿服务彰显了劳动教育的时代价值

新中国成立以来，劳动教育与志愿服务的历史演变高度契合。在新中国成立初期，"爱国卫生运动""向雷锋同志学习""五讲四美三热爱"等重大活动强调通过劳动教育鼓舞民众从事劳动创造的热情和积极性，其中也蕴含了志愿服务的理念。在社会主义建设探索时期，劳动教育和志愿服务的重点是为社会主义现代化建设服务，环保卫生、公益劳动等服务他人的社会实践活动蓬勃开展，此时劳动教育和志愿服务内容多以体力劳动为主。进入21世纪，互联网、大数据、人工智能等的创新应用带来了人类劳动方式的深刻变革，新时代的劳动形态、内涵呈现出许多新变化。随着时代的发展进步，劳动教育和志愿服务转化为体力劳动和脑力劳动并用的创造性劳动。

志愿服务从表层看是学雷锋，做好事，从深层看是参与社会治理，推动社会进步。《欧盟志愿服务报告》也指出"志愿服务对于志愿者个人、社区和社会都

---

① 杨立志、许立新：《奉献精神及其时代意义》，《精神文明建设》2003年第11期。

有明显、广泛的附加社会效益,其中一些还对欧盟政策目标的实现做出了直接的贡献",①从中我们可以看出志愿服务的创造性,以及对促进社会治理的积极作用。新时代,大学生志愿者作为社会治理的新型力量,通过与专业知识相结合的创造性劳动,可以有效弥补社会资源,促进社会和谐稳定,推动经济社会健康发展。一方面,志愿者在助人自助的过程中,通过爱心与善举,传递责任意识与奉献精神,建立了人与人之间的关怀信任,缓解了社会矛盾,激发了向上向善的力量,成为社会和谐稳定的黏合剂;另一方面,志愿者将掌握的理论知识放到实践中去验证,这也是发现问题、解决问题,创造自我价值和社会价值的过程。随着时代的发展,在志愿者的不断探索和实践劳动中,志愿服务呈现出主动性、积极性、创新性特点,也为新时代的劳动精神注入了新能量。大学生志愿者在参与社会治理的过程中培养了自主自愿、积极向上、创新创造等职场人必备的劳动素养。这也正是新时代劳动者特点的集中体现。无论是志愿服务的主体还是志愿服务的内容,都彰显了劳动教育的时代价值。

(二)志愿服务凸显了劳动教育的实践价值

劳动,是人类实践活动的一种特殊形式,多指创造物质财富和精神财富的活动。实践,是人们能动地改造和探索现实世界一切客观物质的活动。②劳动与劳动教育密切相关,劳动教育不仅仅是课堂教学活动,更是在真实劳动中出力流汗,动手动脑。志愿服务作为实践劳育的重要组成部分,其中包含大量劳动教育的内容,充分凸显了实践的价值。志愿服务是通过劳动实践的形式开展,通过这一载体建立感性世界与理性世界的联系,实现第一课程与第二课堂的连接,完成主观见之于客观的过程。美国教育学家杜威在"做中学"的理论中提出,经验即"做与经受",就是生命在生存环境中连续不断的探求。这个过程就是学习的过程,"学习是一种生长方式"。③志愿服务充分运用了"做中学"的理念,通过在真实世界中不断地探求,来培养志愿者的正确价值取向、手脑并用的能力和积极向上的精

---

① 赵少华、王华琳:《新时期高校志愿服务发展的机遇、挑战与对策》,《中国青年研究》2017年第12期。
② 檀传宝:《劳动教育的概念理解——如何认识劳动教育概念的基本内涵与基本特征》,《中国教育学刊》2019年第2期。
③ 崔国富、朱美英:《"从做中学"与教育的生存论解读——杜威实用主义生存论学习与教育思想探析》,《外国教育研究》2005年第4期。

神面貌。习近平总书记在致中国志愿服务联合会第二届会员代表大会的贺信中指出："党的十八大以来，广大志愿者、志愿服务组织、志愿服务工作者积极响应党和人民号召，弘扬和践行社会主义核心价值观，走进社区、走进乡村、走进基层，为他人送温暖、为社会作贡献，充分彰显了理想信念、爱心善意、责任担当，成为人民有信仰、国家有力量、民族有希望的生动体现。"① 习近平总书记提出的"走进社区、走进乡村、走进基层"等具体要求都是通过实践完成的，是实践价值的具体体现。真正的劳动从来都不是一劳永逸的，持之以恒的实干奋斗是新时代劳动教育的核心底蕴。② 新时代劳动教育，需要以志愿服务为载体来实现实践育人的目的。

（三）志愿服务承载了劳动教育的育人价值

马克思指出："生产劳动和智育、体育结合起来，这不仅是增加社会生产的方法，并且是唯一的生产一个全面发展的人类的方法。"③ 劳动是推动人类社会发展的根本动力，劳动与教育相结合是造就人的全面发展的必由之路。2008年10月，中央精神文明建设指导委员会在《关于深入开展志愿服务活动的意见》中明确提出，"要把志愿精神作为进一步加强和改进大学生思想政治教育和未成年人思想道德建设的重要内容"。《国家中长期教育改革和发展规划纲要（2010～2020年）》也提出，"要着力提高学生服务国家、服务人民的社会责任感，勇于探索的创新精神和善于解决问题的实践能力，要注重知行统一，鼓励学生积极参与志愿服务和公益事业"。④ 志愿服务不仅是一个助人自助的过程，也是一个实践育人的载体，作为服务性劳动，兼具服务和学习的双重功能。一方面通过参加志愿服务可以体验到被他人需要和被他人肯定的崇高感；另一方面使志愿者更直接地接触社会、更深刻地理解人生，培养社会责任感和爱心，增长见识和本领，从而实现个人价值与社会价值的双促进。目前，教育界实行价值塑造、能力培

---

① 习近平：《致中国志愿服务联合会第二届会员代表大会的贺信》，新华网，2020年7月24日，http://www.xinhuanet.com/politics/leaders/2019-07/24/c_1124792815.htm。
② 孙宇：《马克思劳动价值观在高校思想政治教育中的启示》，《中国教育学刊》2015年第2期，第90页。
③ 加罗蒂：《马克思主义的人道主义》，刘若水、惊蛰译，内部发行。
④ 《国家中长期教育改革和发展规划纲要（2010～2020年）》，教育部官网，2020年7月29日，http://www.moe.gov.cn/srcsite/A01/s7048/201007/t20100729_171904.html。

养、知识传授"三位一体"的培养模式，究其根本，劳动教育和志愿服务在育人效果上趋于一致。其一，劳动教育和志愿服务有利于培养家国情怀，塑造正确的价值观念。参与劳动教育和志愿服务活动，能够巩固与增强对国家和社会的认同，培养集体主义精神。其二，劳动教育和志愿服务都是实现人的全面发展的路径。在劳动教育和志愿服务的过程中，可以增长知识，培养技能，形成良好的习惯。其三，劳动教育和志愿服务可以形成社会价值和个人价值的统一。受教育者通过劳动教育与志愿服务回馈社会、贡献社会，加速了社会化和职业化进程，在个人价值与社会价值之间搭建了一条生动有效的渠道。总而言之，志愿服务是实践育人的重要途径，是劳动教育的有效载体。

四　志愿服务推进劳动教育的实施路径

劳动教育是中国特色社会主义教育制度的重要内容，直接决定社会主义建设者和接班人的劳动精神面貌、劳动价值取向和劳动技能水平。[①] 志愿服务是现代社会文明进步的重要标志，是加强精神文明建设、培育和践行社会主义核心价值观的重要内容。探索以志愿服务活动为载体推进劳动教育，对于培养德、智、体、美、劳全面发展的社会主义建设者和接班人具有重要意义。

（一）强化自觉自愿，激发劳动教育的内生动力

自愿性、公益性和无偿性是志愿服务的三个基本特征。自愿性是志愿者参与志愿服务活动的基础，体现的是一种不为外力所迫的自由意志，这种意志选择以增进社会和他人利益为目的，用不以物质报偿为目的的方式将自我利益的价值变为公益价值，是志愿服务的首要特征。志愿服务从表层看是主观的道德体认，若无主观的认同便无精神世界的产生。从深层看强调的是道德自觉，强调以"援助、慈善、惠生"等人道主义行为促进实现社会的和谐。这种自由自觉的过程不仅仅包含人们对社会的付出，同时也是激发志愿者个体的成长，养成良好的道德行为，形成稳定的道德品质的过程。

---

① 《中共中央　国务院关于全面加强新时代大中小学劳动教育的意见》，《人民日报》2020年3月27日，第1版。

劳动是劳动精神的基本形态，异化的劳动形态无法形成正确的劳动价值观。正如马克思所说，自由自觉的劳动预设为人类的本质，这种劳动过程伴随着精神性的审美活动。[①] 只有劳动者发自内心的自由自觉的劳动，才能形成正确的劳动价值观。志愿服务就是以自觉自愿为前提的，志愿精神已经不再受到外力的干扰，它完全出于个体的爱与奉献，是自由自觉状态下做出的价值认同，是实现个人价值的内在需求。因此，志愿服务并不会因为外力的消失而减弱，反而会随着个体对价值选择的明确而不断增强。

以志愿服务为载体，强化自觉自愿，可以激发劳动教育的内生动力。美国心理学家苏贝尔提出，学校情境中的成就动机包括认知内驱力、自我提高内驱力和附属内驱力三个方面。其一，尊重志愿者的主体性，提高认知的内驱力。认知的内驱力需要了解周围事物的需要、掌握知识的需要，以及系统地阐释问题和解决问题。在进行劳动教育的过程中，如果直接以生硬的方式进行引导，将会引起受教育者的排斥和抵触，异化的劳动无法使劳动者从主观上接受劳动的形态。志愿服务可以唤醒志愿者内心的自觉，尊重志愿者独立思考和判断的能力，激发他们主动挖掘服务对象的需求，主动运用专业知识，解决实际问题，将"要我做"转化成"我要做"。而这种自我意识的觉醒，是受教育者接受教育进而自我教育的前提，是发挥实践劳育价值的保证。其二，尊重志愿者的价值创造，强化自我提高的内驱力。自我提高的内驱力是个体因自己的工作能力而赢得相应地位的需要。以志愿服务为载体，推进劳动教育的过程中，可以使志愿者感受到他们被国家和社会需要，需要他们通过自己的奉献和劳动做出贡献。而在贡献的过程中，受教育者会感受到通过劳动创造的价值，这个价值又使他们增强了对国家和民族的自豪感，体验劳动的价值。这一过程充分发挥了自我提高的内驱力，促进志愿者的自觉自愿。其三，优化志愿者的激励机制，激发附属内驱力。附属内驱力是为了保持长者（如教师、家长）或集体的赞许或认可，表现出要把工作做好的一种需要。激励机制可以通过物质保障或精神鼓励给予志愿者认可，以保护他们的主动性和积极性。物质上，给予交通、餐饮、通信的补贴，并配备志愿服务的服装和标识。精神上，进行命名表彰，授予荣誉称号，可以更好地激励和保护劳动自觉性。

---

① 刘文、张以哲：《劳动精神培育与价值引领》，《思想理论教育》2017年第5期。

（二）融合服务学习，丰富劳动教育的实践载体

教育部印发的《大中小学劳动教育指导纲要（试行）》指出，强化马克思主义劳动观教育，注重围绕创新创业，结合学科专业开展生产劳动和服务性劳动，积累职业经验，培育创造性劳动能力和诚实守信的合法劳动意识。[①] 新时代劳动形态的多样性，决定了劳动教育具有丰富的实践载体。情境性是实践劳育的突出特征，任何实践都需要在一定的情境中进行，比如在学校、家庭、社会等各种情境中，受教育者的感受更真实，劳动教育的效果更明显。情境性也是美国服务性学习的一个特点，服务性学习源自美国社会对青少年社会责任感缺失问题的关注。服务性学习是一种学生通过参与真实世界中所需的服务，用自己所学的课程知识服务于社区，从而促进知识和技能学习，并培养学生良好的公民责任感的教育形式。[②] 我国的志愿者服务内容与美国的社区服务类似，只是服务的范围更为广泛。我们可以引入美国服务性学习的模式，实现志愿服务与劳动教育的有机结合，丰富劳动教育的实践载体。志愿服务和服务性学习都为受教育者创造了"天然场所"，突出了学生的主体地位，提倡在"做中学"，注重解决实际问题。两者具有共同的教育理念，都是实施计划、实践、反思、分享的教学过程，可以通过服务型学习的模式开展志愿服务，丰富劳动教育的载体，强化劳动教育效果。

第一，建立志愿服务的实施计划，注重劳动教育教学目标的设立，紧密联系志愿服务对象的需求。在计划阶段，可以发挥受教育者的自主学习意识，在教师的指导下，注重设计劳动教育的目标，通过多种渠道了解服务对象的需求，运用小组学习的模式，共同商议服务的主题、形式、时间等，制订可实施的志愿服务计划，争取学校、管理机构以及父母的支持。

第二，按计划开展志愿服务活动，注重解决实际问题，培养劳动素养。学生单独或者在教师带领下，到计划服务的社区进行服务。在服务过程中，要将教学计划贯彻始终，解决服务对象的实际问题，并注重培养个人的沟通能力、表达能

---

① 《教育部印发〈大中小学劳动教育指导纲要（试行）〉》，教育部官网，2020年7月，http://www.moe.gov.cn/srcsite/A26/jcj_kcjcgh/202007/t20200715_472808.html。
② 潘利若、姚梅林：《美国服务性学习对我国中小学综合实践活动课常态化实施的启示》，《教育科学》2011年第2期。

力和团队协作能力。

第三,反思活动开展情况,撰写志愿服务日志和研究报告。受教育者通过反思,将课堂所学知识与实践经验相联系,从而提高在真实情境下解决问题的沟通、表达、创新等能力。

第四,转换教学主体,从传统的教师教学变为学生劳动成果分享会。服务结束后,改变传统单向式的总结分享方式,让每个参与的受教育者都可以成为劳动教育的老师,交流劳动体会,分享劳动经验。

(三) 激发创新创造,彰显劳动教育的价值功能

劳动不仅是自主的实践活动,而且是创造活动。马克思指出,创造商品价值的是人类劳动。劳动是人类创造物质财富和精神财富的活动,是指人类在自身智能分配下,通过各种手段和方式创造社会财富以满足人类日益增长的物质、精神等方面需要的有目的的经济行为。劳动者通过辛勤劳动和诚实劳动,创造了物质财富和精神财富,为社会主义现代化建设做出了贡献。劳动教育之所以有创造性,源于劳动的多样特征、开放特征和互通特征。从劳动、劳动者、劳动教育的表述中,我们始终可以感受到"创造"贯穿其中。随着经济的发展,志愿服务正在成为有效填补市场空缺和政府不及的重要手段,志愿者作为最主要的社会自治力量,在社会发展中发挥着重要的作用。

志愿服务可以激发创新创造,成为劳动教育发展的有效动力。一是在志愿服务活动中,大学生深入基层,观察社会,了解国情,通过创造性劳动化解矛盾,树立正确的劳动价值观;二是志愿服务活动与专业知识相结合,能够锻炼专业能力,通过手脑并用,既参与了社会治理,又能将理论与实践相结合;三是培养志愿者的自主创新能力,勇于创新创造,做事积极认真,善于解决实际问题。只有激发了志愿服务的活力,使劳动教育与时俱进,劳动教育的价值功能才能得到彰显。

(四) 积极奉献社会,强化劳动教育的育人导向

《意见》指出,劳动教育的育人导向是"坚持党的领导,围绕培养担当民族复兴大任的时代新人,着力提升学生综合素质,促进学生全面发展与健康成长。把准劳动教育价值取向,引导学生树立正确的劳动观,崇尚劳动、尊重劳动,增

强对劳动人民的感情,报效国家,奉献社会"。① 志愿服务之所以有着广泛的群众基础,是因为当代青年志愿者的精神实质建立在利他主义的基础上,强调社会价值和个人价值的实现。通过志愿服务的"助人自助",可以有效塑造受教育者的正确价值观,产生健康向上的正能量,促进学生成才。一是树立利他的责任理念。从心理学角度讲,志愿者的参与热情首先源于内心的道德选择,就是为了利于他人和服务社会。志愿服务的利他性是志愿服务开展的基础,也构成了志愿者自身的价值选择。二是增强助人自助的服务意识。志愿服务需要通过社会成员与社会之间的交往、尊重、信任来实现。志愿者参与志愿服务活动的过程,既是主动认同志愿服务精神,形成道德自觉的过程,也是积极参与社会、融入社会、创造社会价值、激发公民责任感的过程。志愿服务既奉献了社会,又实现了自我成长,有利于增强学生对国家和社会的认同,培养学生的劳动自立意识和主动服务他人、服务社会的情怀。三是培养无私奉献的高尚情操。学生在志愿服务活动中潜移默化地接受教育,逐步培养奉献社会、全心全意为人民服务的高尚情操,塑造积极向上的精神面貌。新时代,我国持续推进了一系列鼓励和引导高校毕业生面向基层就业的政策,先后出台并实施了大学生村官计划、"三支一扶"计划、大学生志愿服务西部计划、教师特设岗位计划等,鼓励学生积极前往偏远地区及基层一线就业和服务,将个人发展融入中国梦建设。

(编辑:李珂)

The Mechanism of Promoting Labor Education with Voluntary Service in the New Era

Zhan Shuai

Abstract:Labor education and voluntary service are highly compatible in

---

① 《中共中央 国务院关于全面加强新时代大中小学劳动教育的意见》,《人民日报》2020 年 3 月 27 日,第 1 版。

historical evolution, interlinked in intensional logic, unified in value orientation. By studying their origin, connotation, value and implementation path, this paper reveals that voluntary service is an effective carrier of labor education, and proposes a beneficial path to promote the development of labor education in the new era through voluntary service.

Keywords: Volunteer Spirit; Labor Education; Voluntary Service

• 理论前沿 •

马克思劳动思想内涵新探

——兼论对新时代劳动教育的指导意义*

鞠巧新　石　超

【摘　要】 劳动是马克思主义理论的核心概念，是马克思主义者认识和把握世界的起点，也是其理论的目的与归宿。劳动作为人类的基本存在方式，创造了人与人类历史，同时它也是活动的一种特殊形式，是人类全然不同于其他生命体的运动状态；在人类历史发展的过程中，劳动面临被异化的风险，异化的劳动背离了人的本质，阻碍了人的自我实现，只有扬弃异化劳动走向自由自觉的劳动，才是实现人性复归、人的解放的唯一路径。结合马克思主义经典原著，充分挖掘马克思的劳动思想，不仅对于我们把握新时代劳动教育的基本内涵、确定体现时代特征的劳动教育内容要求方面具有重要的指导意义，而且还能为当下我国劳动教育的现实发展提供扎实的理论保证。

【关　键　词】 异化劳动；创造性劳动；自由自觉的劳动；劳动教育

【作者简介】 鞠巧新，中国石油大学（华东）马克思主义学院硕士研究生；石超，中国石油大学（华东）马克思主义学院副教授、硕士研究生导师。

---

* 本文系中国石油大学（华东）"哲学社会科学青年学者托举计划"基金项目"中华匠道所蕴含的劳动精神与人格修养论研究"（项目编号：20CX05006B）、中央高校基本科研业务费专项资金项目"鲁班工匠精神之理论内涵及其当代价值研究"（项目编号：19CX04017B）阶段性研究成果。

党的十九大报告中明确提出，要"建设知识型、技能型、创新型劳动者大军，弘扬劳模精神和工匠精神，营造劳动光荣的社会风尚和精益求精的敬业风气"。① 2018年9月10日，在全国教育大会上，习近平指出，要"培养德智体美劳全面发展的社会主义建设者和接班人，加快推进教育现代化、建设教育强国、办好人民满意的教育"。② 由此可见，落实党的十九大报告精神与习近平在全国教育大会上的讲话精神，加强劳动教育迫在眉睫。2020年3月26日，中共中央、国务院发布《关于全面加强新时代大中小学劳动教育的意见》（以下简称《意见》），《意见》明确指出："劳动教育是国民教育体系的重要内容，是学生成长的必要途径，具有树德、增智、强体、育美的综合育人价值。"③ 这一表述，将"劳"育确定为"德、智、体、美"四育之前提与根据，充分肯定了教育起源于劳动，劳动是产生教育的基础这一命题。劳动是人类社会生存和发展的根本动力，人类正是通过劳动而获得生存资料与生产经验，而教育则是在传承劳动知识与经验的基础上产生的一种具有特殊性质的实践活动。新时代的科技发展日新月异，信息化、数字化、智能化发展对劳动形态产生极大的影响，劳动异化、产品异化以及资本分配不均带来的劳动者自身的异化等一系列问题不断涌现。因此，关于劳动思想、劳动价值观、劳动教育等的问题越来越值得深思和探究。有鉴于此，立足于马克思主义作家的经典原著，溯源、梳理劳动思想，可以为分析解决当下我国劳动教育、素质教育发展中的矛盾问题提供重要的理论资源。

一 由运动到活动，再到劳动的辩证逻辑关系

在马克思主义理论的视角下，"世界是物质的，而物质是运动的"。"物质和运动是不可分离的，没有运动的物质和没有物质的运动都是不可思议的。……因此，恩格斯指出，运动是物质的存在形式，时空也是物质的存在形式。"④ 物质

---

① 习近平：《决胜全面建成小康社会 夺取新时代中国特色社会主义伟大胜利——在中国共产党第十九次全国代表大会上的报告》，《人民日报》2017年10月19日。
② 习近平：《在全国教育大会上强调 坚持中国特色社会主义教育发展道路 培养德智体美劳全面发展的社会主义建设者和接班人》，《人民日报》2018年9月11日。
③ 《中共中央 国务院关于全面加强新时代大中小学劳动教育的意见》，中国政府网，2020年3月20日，http://www.gov.cn/zhengce/2020-03/26/content_5495977.htm。
④ 刘春仁：《试论结构与物质、运动、时空的关系》，《江汉论坛》1981年第4期，第62页。

必然是运动的物质,时空同样是建立在物质基础上的存在。自然界的一切生物、非生物的存在形式都是物质的存在,且都处在运动当中。非生物通过自身能量的转化或外界力量的施加发生运动;生物则通过本能性运动或思维意识指导的运动来获取生存物质,维持生命体的运行、繁衍等,例如,植物通过吸收养分、水分、空气等维持生命,细菌等微生物通过吸收外界营养物质来进行新陈代谢、延续生命;处在食物链不同层级的动物,均以其他动物或植物为捕食对象而获取生命所需的物质。人类亦不例外,并且还具有低等动植物所没有的思维的运动形态。"辩证唯物主义认为,所谓运动就是物质的一般变化、发展和相互作用,是'包括宇宙中发生的一切变化和过程,从单纯的位置移动到思维'。"① 从单纯的位置移动到思维意识的变化是简单运动到复杂运动的跨越,运动具有普遍性,既可以是非生物内部能量的变化状态,也可以是生物体肉眼可见的行为活动。恩格斯强调:"运动的不灭不能仅仅从数量上去把握,而且还必须从质量上去理解;一种物质,如果它的纯粹机械的位置移动虽然也带有在适当条件下转化为热、电、化学作用、生命的可能性,但它不能够从自身产生出这些条件,那末这样的物质就丧失了运动;一种运动,如果它失去了使自己转变为它所应当具有的各种不同的形式的能力,那末即使它还具有潜在力,但是不再具有活动力了,因而它部分地就被消灭了。但是这两种情况都是不可想象的。"② 离开了物质的运动和离开了运动的物质都是不可想象的,也是不可能存在的,脱离客观实际的认识最终会陷入唯心主义的泥潭之中。同样,在唯物辩证法中,"联系也好,矛盾也好,个别与一般也好,都是由运动这个'物质的存在方式'和'固有属性'决定的,离开了物质的运动,它们都将不可能存在,或者只能以'绝对精神'的'外化'来存在,以唯心主义的形式来存在"。③ 恩格斯还指出:"物质的运动,不仅是粗糙的机械运动、单纯的位置移动,而且还是热和光、电压和磁压、化学的化合和分解、生命和意识"。④

由此可见,运动是一个外延很广的概念,包含一切物质内在的、外在的、本能的或是由意识引起的乃至意识本身的运动,活动、劳动从属于运动的范畴。一

---

① 刘春仁:《试论结构与物质、运动、时空的关系》,《江汉论坛》1981年第4期,第64页。
② 《马克思恩格斯全集》第20卷,人民出版社,1971,第376~377页。
③ 吉彦波:《唯物辩证法的逻辑起点应是运动》,《桂海论丛》1992年第2期,第31页。
④ 《马克思恩格斯全集》第20卷,人民出版社,1971,第376页。

切生物的运动即活动,而"劳动的起源最早可以追溯到低等动物在适应环境过程中表现出来的个体积极性,它能在一定范围内按照环境中的变化因素与自身的生存关系来调节自己的活动,以保证有机体的生存和发展,……这种纯粹的本能活动是劳动形成过程的原始阶段"。① 生物最初就处于原始的本能性活动之中,这种活动反应慢慢演化成一种与生俱来的能力,并能通过基因遗传下来,一步步进化成高级动物。"猿猴特别是黑猩猩、大猩猩的活动,发展到动物行为的高峰,它们能够利用天然物来获取食物、防御敌兽,甚至能够简单地加工天然物。这些活动逐步经常化,这就是人类太古祖先'前人'的活动。……我们把它作为人类劳动的直接前身,称之为'前劳动'。前劳动是从纯粹的动物本能活动向真劳动过渡的阶段。"② 因此,劳动是一个发展性的概念,是一种属性,也是一种过程。在猿进化为人的过程中,它们能根据周围环境做出反应,活动本身也发生了部分质变。由于气候变化,森林面积出现锐减,一部分猿类被迫下地生存,在其适应新的行为形式的过程中,手脚逐步从原始四肢中解放出来,大脑也逐渐发展完善,群体协作能力增强,又通过肢体语言、表情、声音发展到语言,猿类慢慢进化,逐渐具有了"社会本能",而"社会本能是从猿进化到人的最重要的杠杆之一",③ 猿类开始具备向"人"跨越的某些特质。总之,语言与劳动——区别于纯粹的动物本能的"前劳动"——成为猿向人进化的两大直接动力,在其共同的作用下,猿的脑髓变为人的脑髓,而大脑服务于人的感官与意识,又反作用于自己的劳动和语言。所以,在几十万年的进化过程中,出现了区别于猿群的人类社会,其在本质上是由劳动创造的,劳动是属于人的活动形态。

综上所述,我们可以将运动分为纯粹的物理(机械)的运动、④ 化学的运动,对应非生物物质;生物的运动即活动,对应有机物、生物体的本能性活动与人的具有社会属性的被思维指导的活动,也包括思维本身的活动以及以思维活动为基础的社会活动。劳动则是人类意识活动指导下的运动形态,包含思维活动本身,因为劳动,人才创造了社会活动、社会关系,也因为劳动,社会更创造了人

---

① 朱祖霞:《论劳动与人类及其意识形成的关系》,《哲学研究》1982年第7期,第19页。
② 朱祖霞:《论劳动与人类及其意识形成的关系》,《哲学研究》1982年第7期,第19~20页。
③ 《马克思恩格斯全集》第34卷,人民出版社,1972,第164页。
④ 贺祥林:《论思维运动是物质运动的基本形式及其多重意义》,《湖北大学学报》(哲学社会科学版)1996年第1期。

自身。在历史唯物主义的视域下,人类的劳动是依赖自然界产生的,是世界物质运动的升华,是人类意识觉醒、思维发展的手段与归宿。

二 劳动与劳动的异化

恩格斯认为,劳动"是整个人类生活的第一个基本条件,而且达到这样的程度,以致我们在某种意义上不得不说:劳动创造了人本身"。① 马克思也认为"整个所谓世界历史不外是人通过人的劳动而诞生的过程,是自然界对人来说的生成过程"。② 人类历史由劳动开启,劳动是社会存在的基础,"任何一个民族,如果停止劳动,不用说一年,就是几个星期,也要灭亡"③。人类通过劳动进军自然界,在尊重自然规律的前提下改造和利用自然,创造了丰富的物质文明和精神文明。

人的劳动区别于动物的活动。"蜘蛛的活动与织工的活动相似,蜜蜂建筑蜂房的本领使人间的许多建筑师感到惭愧。但是,最蹩脚的建筑师从一开始就比最灵巧的蜜蜂高明的地方,是他在用蜂蜡建筑蜂房以前,已经在自己的头脑中把它建成了。劳动过程结束时得到的结果,在这个过程开始时就已经在劳动者的表象中存在着,即已经观念地存在着。他不仅使自然物发生形式变化,同时他还在自然物中实现自己的目的,这个目的是他所知道的,是作为规律决定着他的活动的方式和方法的,他必须使他的意志服从这个目的。"④ 动物是没有意识和思想的,而人的劳动具有创造性,劳动结果是意识的产物,劳动的结果"已经观念地存在着",他改造自然物的过程中也实现了自身的目的。人首先是自然的存在物,"劳动首先是人和自然之间的过程,是人以自身的活动来引起、调整和控制人和自然之间的物质变换的过程。人自身作为一种自然力与自然物质相对立。为了在对自身生活有用的形式上占有自然物质,人就使他身上的自然力——臂和腿、头和手运动起来。当他通过这种运动作用于他身外的自然并改变自然时,也就同时

---

① 《马克思恩格斯全集》第 20 卷,人民出版社,1971,第 509 页。
② 《马克思恩格斯全集》第 3 卷,人民出版社,2002,第 310 页。
③ 《马克思恩格斯文集》第 10 卷,人民出版社,2009,第 289 页。
④ 《马克思恩格斯全集》第 23 卷,人民出版社,1972,第 202 页。

改变他自身的自然。"① 劳动是建立在人与自然关系之中的能动性活动，人的生存离不开物质生产资料，在社会最初的发展过程中，劳动是进行物质资料生产的主要手段，在此过程中实现着劳动的自觉性，人按照自然的规律，制造和使用生产工具以改变人与自然的原始状态，自然的无意识活动与人的有意识的活动相结合，自然就变成了"人化的自然"。劳动使人类走进自然、改造自然，进而改变自身。"由于手、发音器官和脑髓不仅在每个人身上，而且在社会中共同作用，人才有能力进行愈来愈复杂的活动，提出和达到愈来愈高的目的。劳动本身一代又一代地变得更加不同、更加完善和更加多方面。除打猎和畜牧外，又有了农业，农业以后又有了纺纱、织布、冶金、制陶器和航行。同商业和手工业一起，最后出现了艺术和科学；从部落发展成了民族和国家。法律和政治发展起来了，而且和它们一起，人的存在在人脑中的幻想的反映——宗教，也发展起来了。"② 人与自然、人与社会、人与人的关系都由劳动连接，人的创造性劳动改变了人文世界和人化自然界的存在形态，马克思主义者正是"在劳动发展史中找到了理解全部社会史的锁钥的新派别"。③

劳动具有物质性，劳动使"人们生产他们所必需的生活资料，同时也就间接地生产着他们的物质生活本身"。④ 人的物质性存在本身决定劳动的物质性存在，人们"通过实践创造对象世界，即改造无机界，证明了人是有意识的类存在物，也就是这样一种存在物，它把类看作自己的本质，或者说把自身看作类存在物"。⑤ 作为"类存在物"的人的劳动同样具有类的特性，即区别于动物活动的获得性，人类劳动具有创造性，"人的类特性恰恰就是自由的自觉的活动"。⑥ 人是处在社会关系之中的人，"人的本质不是单个人所固有的抽象物，在其现实性上，它是一切社会关系的总和"，⑦ 人"不仅是一种合群的动物，而且是只有在社会中才能独立的动物"。⑧ 劳动同样具有了社会属性，被提高到道德乃至政

---

① 《马克思恩格斯全集》第23卷，人民出版社，1972，第201～202页。
② 《马克思恩格斯全集》第20卷，人民出版社，1971，第516页。
③ 《马克思恩格斯文集》第4卷，人民出版社，2009，第313页。
④ 《马克思恩格斯全集》第3卷，人民出版社，1960，第24页。
⑤ 《马克思恩格斯全集》第42卷，人民出版社，1979，第96页。
⑥ 《马克思恩格斯全集》第42卷，人民出版社，1979，第96页。
⑦ 《马克思恩格斯选集》第1卷，人民出版社，1995，第56页。
⑧ 《马克思恩格斯全集》第12卷，人民出版社，1962，第734页。

治的高度，不再单纯地只是人类与自然连接的桥梁，更被赋予了一定的人格化意蕴。人的创造性劳动规定着人的本质，人在自我意识的支配下，通过劳动追求生存的价值与生活的意义，"动物只是按照它所属的那个种的尺度和需要来建造，而人却懂得按照任何一个种的尺度来进行生产，并且懂得怎样处处都把内在的尺度运用到对象上去；因此，人也按照美的规律来建造"。① 具有物质性和社会性的劳动不断激励人们进行更高级形态的劳动创造，全然不同于动物纯粹的本能性活动。

随着生产力的提高，一部分人开始从繁重的农业生产中"解放"出来，劳动产生剩余，进而机器大生产的时代到来，催生出"资本家""工人"等阶级身份，自由与"劳动"② 产生了对立，劳动处于异化之中。"马克思的异化劳动概念，是在批判国民经济学和黑格尔的辩证法以及扬弃费尔巴哈人本主义的基础上提出的。国民经济学只关心劳动的某种经济意义，而不考虑劳动的属人性质。黑格尔注意到了劳动的属人意义，但他的'劳动'却是精神劳动。费尔巴哈把人提高到首位，但他的'人'却缺乏现实的经济基础，也没有考虑到劳动的属人性质。马克思正是在对他们批判继承的基础上，形成了自己的异化劳动概念。"③ 异化劳动造成人性的扭曲，人的现实存在状态呈现出对人的本质的疏离。"人自身异化了以及这个异化的人的社会是一幅描绘他的现实的社会联系，描绘他的真正的类生活的讽刺画；他的活动由此而表现为苦难，他个人的创造物表现为异己的力量，他的财富表现为他的贫穷，把他同别人结合起来的本质的联系表现为非本质的联系，相反，他同别人的分离表现为他的真正的存在；他的生命表现为他的生命的牺牲，他的本质的现实化表现为他的生命的失去现实性，他的生产表现为他的非存在的生产，他支配物的权力表现为物支配他的权力，而他本身，即他的创造物的主人，则表现为这个创造物的奴隶。"④ 劳动异化造成了人自身的异化，劳动者本身成为产品和资本的附庸，异化的劳动剥夺了人性，造成意识的畸形，劳动者不是自由的，而是受压制和奴役的对象。"劳动不是把它本身的现实

---

① 《马克思恩格斯全集》第42卷，人民出版社，1979，第97页。
② 此处"劳动"当理解为"异化劳动"。
③ 韩庆祥：《现实逻辑中的人：马克思的人学理论研究》，北京师范大学出版社，2017，第364~365页。
④ 《马克思恩格斯全集》第42卷，人民出版社，1979，第25页。

性变成自为的存在,而是把它变成单纯为他的存在,因而也是变成单纯的他在,即同自身相对立的他物的存在。劳动的这种变为现实性的过程,也是丧失现实性的过程。劳动把自己变成客观的东西,但是它把它的这种客体性变为它自己的非存在,或它的非存在——资本——的存在。"① 在资本主义私有制社会里,工人的劳动就是一种典型的异化劳动,"工人在劳动中耗费的力量越多,他亲手创造出来反对自身的、异己的对象世界的力量就越强大,他自身、他的内部世界就越贫乏,归他所有的东西就越少。……工人在他的产品中的外化,不仅意味着他的劳动成为对象,成为外部的存在,而且意味着他的劳动作为一种与他相异的东西不依赖于他而在他之外存在,并成为同他对立的独立力量;意味着他给予对象的生命是作为敌对的和相异的东西同他相对立"。② 总之,这里的劳动是阶级产生的基础,劳动作为异己的力量存在,成为资本家获得资本的前提,工人的脑力劳动和体力劳动发生了对立,工人仅仅成了"胃"和"机器"。当最低层级的需求成为全部劳动活动的目的,人则处于被奴役的状态,是对人格的侮辱,与人的本质背道而驰的。

马克思揭露了在资本主义私有制下,工人的"劳动"③ 是资本奴役下的劳动,从政治经济学的角度明确了劳动和资本的内在关系,异化劳动压榨工人的剩余价值,在资本主义社会,"劳动对工人说来是外在的东西,也就是说,不属于他的本质的东西;因此,他在自己的劳动中不是肯定自己,而是否定自己,不是感到幸福,而是感到不幸,不是自由地发挥自己的体力和智力,而是使自己的肉体受折磨、精神遭摧残"。④ 私有制下的社会关系则是赤裸裸的金钱关系,人毫无自尊、个性可言。异化的劳动使工人丧失人的本质,社会产生了普遍的异化现象,劳动仅仅变成了谋生的手段。工人在异化劳动中造成自身机能的退化,"劳动"分工让工人更失去人的本质特性,"机器则代替工人而具有技能和力量,……这种科学并不存在于工人的意识中,而是作为异己的力量,作为机器本身的力量,通过机器对工人发生作用",⑤ 人在机器生产中成为资本的附属品,

---

① 《马克思恩格斯全集》第46卷(上册),人民出版社,1979,第450页。
② 《马克思恩格斯选集》第1卷,人民出版社,1995,第41~42页。
③ 此处"劳动"当理解为"异化劳动"。
④ 《马克思恩格斯全集》第42卷,人民出版社,1979,第93页。
⑤ 《马克思恩格斯全集》第46卷(下册),人民出版社,1980,第208页。

劳动者在被自己创造的,且独立于自己的、异化的力量所控制,"怎么能不使人沦为牲口呢"?①

三 自由自觉的劳动与人的解放

在阶级社会中,劳动与私有制、资本是不可分割的,"在奴隶劳动、徭役劳动、雇佣劳动这样一些劳动的历史形式下,劳动始终是令人厌恶的事情,始终是外在的强制劳动,而与此相反,不劳动却是'自由和幸福'"②。在私有制度下,劳动环境是不自由的、肮脏的,劳动是被强迫的、无奈的选择,劳动者在劳动中否定自我。劳动者将劳动视为被迫的需要,"把劳动单纯看作牺牲,而且,因此把它看作决定价值的东西,看作是对物所支付的价格,而且按照各物所花费的劳动的多少来决定它们的价格,这纯粹是消极的规定"。③ 劳动者的"汗流满面"与资产阶级的"安逸"形成鲜明对比,"'你必须汗流满面地劳动!'这是耶和华对亚当的诅咒。而亚当·斯密正是把劳动看作诅咒。在他看来,'安逸'是适当的状态,是与'自由'和'幸福'等同的东西。一个人'在通常的健康、体力、精神、技能、技巧的状况下',也有从事一份正常的劳动和停止安逸的需求,这在斯密看来是完全不能理解的。诚然,劳动尺度本身在这里是由外面提供的,是由必须达到的目的和为达到这个目的而必须由劳动来克服的那些障碍所提供的。但是克服这种障碍本身,就是自由的实现,而且进一步说,外在目的失掉了单纯外在必然性的外观,被看作个人自己自我提出的目的,因而被看作自我实现,主体的物化,也就是实在的自由,——而这种自由见之于活动恰恰就是劳动"。④ "安逸"与"劳动"是相对存在的,劳动者自身有对劳动的需求,但这种劳动是自由的,人在劳动中肯定、发展自身,异化劳动则是迥然不同的,它使劳动者丧失"安逸"的时间进行劳动生产,而所得的薪酬却只能够满足肉体最基本生存的需要,以至不被饿死。工人生产的产品越多,他所占有的对象就越少,工人越劳动就越贫穷。

---

① 《马克思恩格斯全集》第2卷,人民出版社,1957,第405页。
② 《马克思恩格斯全集》第46卷(下册),人民出版社,1980,第112~113页。
③ 《马克思恩格斯全集》第46卷(下册),人民出版社,1980,第113页。
④ 《马克思恩格斯全集》第46卷(下册),人民出版社,1980,第112页。

马克思认为自由自觉的劳动才能复归人的本质,实现人的解放,"人的创造天赋"才能够得到"绝对发挥","人类全部力量"才能得到"全面发展"。① 自由自觉的劳动具有自由、自主与自我享受的特质,是对异化劳动的扬弃,是人类劳动的天然特性,是本然的存在。人在改造自然的同时改变着自身,"已经产生的社会,创造着具有人的本质的这种全部丰富性的人,创造着具有丰富的、全面而深刻的感觉的人作为这个社会的恒久的现实"。② 然而,异化劳动是历史发展的必然,也将长期存在于人类的现实生活中,自由自觉劳动的实现与异化劳动的社会状态是相关联的,人本身能在劳动中唤醒自己的潜能,在一定程度上实现"自由自觉"。无产者自由自觉的劳动在社会发展中孕育成长,为人的全面解放提供了源泉和动力。智能化、机械化的高度发展,人的自由自觉的劳动却始终不会被替代。那时"劳动已经不仅仅是谋生的手段,而且本身成了生活的第一需要",③ 人的自由发展带来社会的欣欣向荣,"个性得到自由发展,因此,并不是为了获得剩余劳动而缩减必要劳动时间,而是直接把社会必要劳动时间缩减到最低限度,那时,与此相适应,由于给所有的人腾出了时间和创造了手段,个人会在艺术、科学等等方面得到发展"。④ 劳动者脱离物质生产的直接过程,财富不再以劳动时间为尺度,直接形式的劳动不再是财富积累的源泉。直接形式的劳动将随着机器的大规模使用而减少,抽象劳动与资本之间的矛盾不断加深且无法攻克,"大工业则彻底消灭了分工的技术基础,使劳动同质化,这为无产阶级超越等级限制,转变为一种普遍化的自为阶级,提供了前提条件"。⑤ 那时,劳动与自由不再对立,所有人都在全面地、自由地发展着,人的创造性劳动成为最高的需求。在创造性劳动的过程中,劳动者充分发挥自己的禀赋,创造各种超越生存目的的劳动结晶——哲学、宗教、艺术等,享受劳动创造的愉悦,按照美的规律实现自身自由而全面的发展。

虽然马克思承认自由自觉的劳动能获得美的享受,但是他认为这种劳动仍然

---

① 《马克思恩格斯全集》第46卷(上册),人民出版社,1979,第486页。
② 《马克思恩格斯全集》第42卷,人民出版社,1979,第126~127页。
③ 《马克思恩格斯选集》第3卷,人民出版社,1995,第305页。
④ 《马克思恩格斯全集》第46卷(下册),人民出版社,1980,第218~219页。
⑤ 孙乐强:《劳动与自由的辩证法:马克思历史观的哲学革命——兼论〈资本论〉对〈政治经济学批判大纲〉的超越与发展》,《哲学研究》2016年第9期,第16页。

是"非常严肃""极其紧张的事情",① 不是像纯物质性的娱乐、消遣那样简单。人在劳动中获得生存资料,也在劳动中解放四肢、解放思想。"任何一种解放都是把人的世界和人的关系还给人自己。"② 人在劳动中享受过程,精神的愉悦远远胜于生理的"痛苦",人在自由自觉的劳动创造中找到自我、完善自我,此时,追求"真善美"高度统一的创造性劳动成为人的最高追求。劳动者"通过自己同对象的关系而占有对象。对人的现实性的占有,它同对象的关系,是人的现实性的实现,是人的能动和人的受动,因为按人的含义来理解的受动,是人的一种自我享受"。③ 自由自觉的劳动是具有精神性的、能动性的劳动,即"吸引人的劳动,成为个人的自我实现"④ 的劳动。马克思认为人类劳动的最高追求在于对他个性发展的自由,尽管现实多重因素的影响,劳动异化不可避免,但人总能从劳动中找到属于自己的诗意人生,"人不是由于有逃避某种事物的消极力量,而是由于有表现本身的真正个性的积极力量才得到自由"。⑤

四 马克思劳动思想对新时代劳动教育的指导意义

马克思的劳动思想是马克思主义教育理论形成和发展的重要理论依据,是指导劳动教育的根本性原则。新时代劳动教育要全面构建体现时代特征的劳动教育体系,首先要把握劳动教育的基本内涵,马克思的劳动思想是把握劳动教育基本内涵的基础和前提。劳动是理解马克思的历史唯物主义的逻辑起点,马克思主义哲学语境下的劳动价值论是历史唯物主义的核心观点,马克思通过考察人类社会发展的历史,得出人的本质是由劳动形成的,而"人的本质不是单个人所固有的抽象物,在其现实性上,它是一切社会关系的总和"⑥。因此,劳动教育必须放在社会关系中去处理,而社会关系也正是由于现实中人的生产劳动而产生的,因此,劳动既是教育的手段,更是教育的目的,教育与生产劳动相结合是马克思劳动思想的精髓,正如马克思所说:"个人怎样表现自己的生活,他

---

① 《马克思恩格斯全集》第46卷(下册),人民出版社,1980,第113页。
② 《马克思恩格斯全集》第1卷,人民出版社,1956,第443页。
③ 《马克思恩格斯全集》第42卷,人民出版社,1979,第124页。
④ 《马克思恩格斯全集》第46卷(下册),人民出版社,1980,第113页。
⑤ 《马克思恩格斯全集》第2卷,人民出版社,1957,第167页。
⑥ 《马克思恩格斯选集》第1卷,人民出版社,1995,第56页。

们自己也就怎样。因此，他们是什么样的，这同他们的生产是一致的——既和他们生产什么一致，又和他们怎样生产一致。"① 一个人从事什么样的生产劳动就会塑造自身怎样的本质。因此，从本根处着眼，教育实际上是劳动对特定个体所产生的改变性活动，所以劳动教育中的劳动不仅仅是教育的手段，它还是教育本身，承载着教育的功能。此外，劳动者在劳动教育中习得的劳动知识、劳动技能、劳动素养等反过来服务于人的创造性劳动，满足人的社会化的身体需求与精神需要。因此劳动教育不能仅仅视为素质教育的一个独立系统，它是整个素质教育的核心和实质，是德智体美"四育"的基石，只有准确理解马克思的劳动教育思想，才能有效发挥劳动教育的实效，早日实现真正的素质教育。

马克思认为，教育与生产劳动相结合"不仅是提高社会生产的一种方法，而且是造就全面发展的人的惟一方法"②。"造就全面发展的人"是劳动教育的终极目标。值得注意的是，在当时刚刚进入机器大生产的社会大环境下，劳动分工越来越精细化，人的劳动能力发展受到局限，导致劳动能力的整体性丧失，体力劳动与脑力劳动的鸿沟加深。因此，马克思强调劳动促进人的全面发展，是从劳动能力的整体性出发，这种劳动能力是体力劳动与脑力劳动的高度结合。劳动教育实现人的自由全面发展，不仅强调劳动在树德、增智、强体、育美中发挥的作用，更注重人的劳动能力能在劳动教育的过程中得到充分全面的发展。新时代的劳动教育更应该重视体力劳动与抽象的脑力劳动的结合，重视劳动技术化的发展，培养新型劳动者。既不能将马克思的劳动教育看作简单的体力劳动的生产与教育的结合，忽视现代性的科技劳动与服务管理性劳动的时代价值，也不能一味强调复杂的科技劳动的实践价值，而忽视体力劳动存在的必要性。当今世界，人工智能无处不在，人类可以通过各种科技产品解放四肢、延展身心，从繁重的劳动活动中得到解放。智能机器在不断满足或接近人类的实际需求，部分或全部地承担了人类的体力或脑力工作，进而满足了绝大部分人好逸恶劳的偏性。人类同

---

① 《马克思恩格斯全集》第3卷，人民出版社，1960，第24页。
② 《资本论》第1卷，中共中央马克思恩格斯列宁斯大林著作编译局译，人民出版社，2004，第557页。

科技的张力引发的社会深层矛盾和伦理问题应该引起足够的重视与关注。① 劳动教育要促进劳动者在劳动中形成正确的劳动认知,确定劳动教育的内容要求符合时代发展需要,着力避免劳动者在科技智能时代中逐渐丧失简单劳动的能力,防范因对科技的过度依赖而造成四肢甚至思维意识的退化,进而走向被智能科技奴役、操纵的危险境况。

五 结语

"劳动是人类的本质活动,劳动光荣、创造伟大是对人类文明进步规律的重要诠释。"② 劳动作为人类文明的初始密码,塑造、完善着人的本质,是人的个性与活力的彰显,创造着人文世界丰富的物质文明和精神文明。人的自由自觉的劳动活动与人的自由而全面发展阶段相匹配,自由自觉的劳动是对异化劳动的扬弃,只有自由自觉的劳动才能真正实现劳动者自由而全面的发展与人的自身解放。随着财产的私有化,劳动呈现出被异化的现象。私有制社会下,劳动被资本奴役,劳动是痛苦的、无奈的,仅仅变成谋求基本生存需求的手段,异化的劳动疏离人的本质,阻碍劳动者自由全面的发展。从人类历史的发展来看,异化劳动也并非一无是处,在宏观的层面,它为人类历史的发展奠定了物质基础,为人的自由全面发展提供了可能性。而且就目前人类社会的发展来看,异化劳动还将持续存在于现实社会之中,但是从积极的角度来看,异化劳动能够促进社会财富与剩余劳动的增多,亦将成为推动劳动解放的物质基础和现实动力。劳动规定人的本质与完善人的劳动能力的基本观点,对我国劳动教育的发展具有重要的启示意义。劳动教育的目的在于改变人对"物"的社会依赖性,促进健康的社会关系的形成,实现真正的人性的自由解放。只有达到这个目的,"人在一定意义上才最终地脱离了动物界,从动物的生存条件进入真正人的生存条件。……至今一直统治着历史的客观的异己力量,现在处于人们自己的控制之下了。只是从这时起,人们才完全自觉地自己创造自己的历史;只是从这时起,由人们使之起作用

---

① 李丹:《从"德智体美"到"德智体美劳":加强高校劳动教育的逻辑审视》,《中国职业技术教育》2019年第33期,第57页。
② 《庆祝"五一"国际劳动节暨表彰全国劳动模范和先进工作者大会隆重举行》,《人民日报》2015年4月29日。

的社会原因才大部分并且越来越多地达到他们所预期的结果。这是人类从必然王国进入自由王国的飞跃"。① 这时候人才将"以一种全面的方式,也就是说,作为一个完整的人,占有自己的全面的本质"②。

(编辑:李珂)

A Study on the Connotation of Marx's Labor Thoughts
—Also On Its Guiding Significance to Labor Education in the New Era

Ju Qiaoxin, Shi Chao

Abstract: Labor is the core concept of Marxist theory, the starting point forMarxists to understand and grasp the world, and the purpose and end of their theory. As the basic way of human existence, labor created human and human history. At the same time, it is also a special form of activity that is completely different from other living bodies. In the development of human history, labor faces the risk of alienation. Alienated labor deviates from human nature and hinders human self-realization. The only way to realize the return of human nature and the liberation of human beings is to abandon alienated labor and move toward free and conscious labor. The labor thought in original Marxist classics not only has important guiding significance for us to grasp the basic connotation of labor education in the new era and determine the content requirements of labor education that reflect the characteristics of the era, but also can provide a solid theoretical guarantee for the current development of labor education in China.

Keywords: Alienated Labor; Creative Labor; Free and Conscious Labor; Labor Education

---

① 《马克思恩格斯选集》第3卷,人民出版社,1995,第815页。
② 《马克思恩格斯全集》第42卷,人民出版社,1979,第123页。

• 国际经验 •

日本中小学家庭课的特点及启示[*]

杨红军

【摘　要】开设家庭课是日本中小学开展家庭劳动教育的主要渠道。日本中小学家庭课具有教学目标的贯通性、五育并举的融合性、体验探究的创新性、教师准入与培训的专业性、学科基础的社会性和学术性以及反思评价的科学性和面向终身学习、培养生存能力的延展性等特点。家庭课成为日本中小学生最喜爱的课程。在家庭劳动思想教育、家庭劳动技能培育、家庭劳动实践和劳动习惯养成等方面发挥了重要的育人价值，为我国开展中小学家庭劳动教育提供了有益的启示。开展家庭劳动教育要重视家政和家政学科的发展、推进家庭劳动教育课程化、实现家庭劳动教育师资专业化。

【关　键　词】日本；中小学校；家庭课；劳动教育

【作者简介】杨红军，洛阳师范学院教育科学学院副教授。

学校、社会、家庭是开展劳动教育的三个场所，其中家庭劳动是培养中小学生日常劳动习惯、开展劳动教育的最普遍、有效方式，为此，《中共中央　国务院关于全面加强新时代大中小学劳动教育的意见》特别强调"家庭要发挥在劳动教育中的基础作用"。但在实践中，我国中小学组织的家庭劳动教育大多是以家庭为单位，以布置家庭作业的形式，由学生和家长在家庭内部单独或者共同完

---

[*] 本文系国家社会科学基金"十三五"规划2018年度教育学课题"建设教育强国的日本经验与中国路径研究"（课题批准号：BDA180029）阶段性研究成果。

成，向学校提交作品图片或实物来进行评价的，其实际完成效果与学校的目标设计、家长的重视程度、家长的劳动观念、家长的劳动技能等息息相关。学校的主导作用在家庭劳动教育中并没有实质性地发挥出来，一些家长在溺爱孩子、不舍得孩子占用学习时间等错误思想驱使下，甚至出现替孩子劳动、应付学校等现象，有些家长则把家务劳动作为惩罚孩子的手段，扭曲了家庭劳动的育人价值，对于正确地开展家庭劳动教育产生了负面作用。日本的家庭劳动教育在课程化的背景下，实现了劳动思想教育、劳动技能培育、劳动实践和习惯养成等劳动育人价值，位居日本中小学生最喜爱的课程榜首，其经验值得借鉴学习。

一 日本中小学家庭课的法律地位

日本历来重视劳动教育，尤其重视家庭劳动教育，1872 年颁布的《学制》中规定在小学开设手艺课，1879 年的《教育令》规定，裁缝课代替手艺课成为初等教育课程。[①] 1947 年日本颁布《教育基本法》，明确要求学校教育中应"注重劳动与责任"，同年的《学校教育法》规定家庭课成为中小学正式课程。[②] 2006 年，《教育基本法》将劳动教育的目的修订为"重视职业和生活的联系，培养尊重劳动的态度"。在此基础上修改的《学校教育法》对劳动教育的目标做了更细化的规定："培养关于职业的基础知识与技能、尊重劳动的态度、适应个性选择未来出路的能力。"文部科学省颁布的教学大纲——《学习指导要领》亦提出要培养生存能力，而家庭课被认为是所有课程中最能体现生存能力培养的课程，具有与其他课程不同的鲜明特征。

二 日本中小学家庭课的特点

（一）独立设课、目标明确，中小学贯通

日本中小学家庭课的教学目标具有贯通性，按照学段提出不同的要求，根据

---

① 池崎喜美惠、仙波圭子、青木幸子、田部井惠美子等：《家庭科教育》，学文社，2018，第 219 页。
② 家庭课，亦被称为"家政课"，日文原文为"家庭科"，本文保留汉字"家庭"原文，译为"家庭课"。

文部科学省颁布的最新《学习指导要领》（即教学大纲），其总体教学目标为：通过学会日常生活自理以及与衣、食、住、家庭消费、环境问题、家庭保育等实践性和体验性的活动，培养重视家庭生活的情感，懂得与家人和周边人们协作的必要性，学会和谐相处；掌握生活中衣、食、住的相关技能；加深对于日常生活问题的理解和思考，学会有效利用时间，培养发现问题、设定课题、寻找解决方案、制订计划、评价改善实践以及恰当表达的能力，最终提高创建美好生活的能力。①

在幼儿教育时期，日本的家庭、保育园、幼儿园就让孩子学习日常生活的自理，养成劳动习惯，学会与他人合作劳动，感知劳动乐趣。进入小学低年级，学校在综合活动时间以及其他学科中渗透劳动教育，如在中午供餐的环节，由学生进行分餐、整理，形成日常劳动习惯，根据学校条件，带领学生进行种植、养殖等劳动体验，开展捡垃圾、保洁等公益劳动服务。到了小学五、六年级，则正式开设家庭课，五年级设定为60学时，六年级为55学时，课时量甚至超过了音乐、图画、道德、外语、特别活动课等科目（见表1）。

表1 小学校各科目学时

单位：学时

年级 课程	一	二	三	四	五	六
国语	306	315	245	245	175	175
社会	—	—	70	90	100	105
算数	136	175	175	175	175	175
理科	—	—	90	105	105	105
生活	102	105	—	—	—	—
音乐	68	70	60	60	50	50
图画	68	70	60	60	50	50
家庭	—	—	—	—	60	55
体育	102	105	105	105	90	90
道德	34	35	35	35	35	35
外语	—	—	—	—	35	35
综合学习	—	—	70	70	70	70
特别活动	34	35	35	35	35	35
总课时数	850	910	945	980	980	980

资料来源：池泽喜美惠：《小学校指导法家庭》，玉川大学出版部，2018，第17页。

---

① 学习指导要领的改订に伴う移行措置の概要，https://www.mext.go.jp/a_menu/shotou/new-cs/1387780.htm。

初中家庭课内容分为技术和家庭两部分，其中一年级为70学时，二年级为70学时，三年级为35学时。除完成小学的要求，并在衣、食、住的知识掌握和技能训练上有所提高外，还增加了儿童成长的内容和保育能力的培养。

最新版的《学习指导要领》中，高中阶段的家庭课分为家庭基础和家庭综合两部分，高中的家庭课继续巩固初中、小学阶段的知识技能，不仅有幼儿保育，还增加了老年人护理，在衣、食、住等技能方面突出了创造和设计环节，增加了制订家庭经济消费计划以及科学保护环境的内容；进一步突出了劳动实践和体验活动、鼓励学生综合性地发掘生活智慧，进一步锻炼设定课题，寻找解决方案，评价改善实践以及进行逻辑性地阐释问题的能力，培养贯穿一生的解决生活课题的能力、生涯规划的意识和能力；除了家庭生活内部的各种劳动知识和技能，还关注学校、家庭、社会之间的关联，关注公益服务。高中阶段的家庭课强调劳动者的主体性，强调男女平等、共同协作，注重培养创造家庭和社会美好生活的资质和能力；注重培养学生从一生的角度加深对家人、家庭社会关系的理解，学会与各种各样的人友好合作，构建更好的社会，参与地区和社会服务。①

可见，日本中小学家庭课从小学到初中、高中，在学习内容模块一致的框架下，教学内容逐步加深，其教学目标具有贯通性，既有劳动态度、劳动品德、劳动价值观的塑造，亦有劳动技能的培养、劳动习惯的养成以及劳动过程中方法和创新思维品质的提升，最终实现强化家庭责任感、创造美好家庭生活的目标。

（二）五育并举，努力实现家庭课与其他学科知识的交叉融合

日本现行的中小学家庭课涉及日常生活中的被服、饮食、居住、保育、家庭成员、家庭经营以及其他，共计7个方面，与中小学开设的生活、社会、理科（物理、化学、生物等）、体育、算数、图画、美术、艺术等9门课程中共计38个方面的107个知识点相互交叉。日本家庭课与小学、初中、高中其他学科内容交叉内容如表2所示。

---

① 学習指導要領の改訂に伴う移行措置の概要，https://www.mext.go.jp/a_menu/shotou/new-cs/1387780.htm。

表2 日本中小学家庭课与其他学科知识点、交叉数

单位：个

学段		小学校						初级中学				高级中学			
其他课程		生活课	社会课	理科课	体育课	图画课	算数课	社会课	理科课	美术课	体育课	公民课	理科课	体育课	艺术课
家庭课	家庭成员	4						1				2		1	
	保育														
	家庭经营		2					1				2			
	被服			3	2	6	4		4	3			4		3
	饮食		1	3	4		4	4	3	3			6	1	3
	居住		2	6				5	3	1			4		3
	其他	3	2					1				1			

资料来源：池崎喜美惠、仙波圭子、青木幸子、田部井惠美子等：《家庭科教育》，学文社，2018，第56~57页。

家庭课中的学习内容包括劳动价值观、劳动情感态度、劳动伦理责任、劳动权益意识等，与生活课、社会课、公民课的学习内容密切相关，具有德育价值；劳动技能培育需要用到理科、算数、社会等学科的相关知识，体现了劳动教育的智育价值；在学习缝纫和居家整理时，注重色彩搭配和图案设计等，与图画、美术、艺术课程相关，具有美育价值；家庭劳动实践需要身体力行，有大量体力劳动，强调身体的感知，与体育学科密切相关，具有体育价值。此外，家庭课与体育课的最大不同之处在于，家庭课还需要运用触觉、味觉和嗅觉，需要用到手指的精细运动，比如切东西和缝纫的时候需要左右手的准确配合，而通过左右手共同训练能够促进大脑的发育，与智育密切相关，家庭课补充了普通体育课感觉体验的不足，具有特殊的体育价值。

可见，日本中小学家庭课作为一门独立的课程与其他课程紧密联系、相互交融，但是又有所区别，家庭课的教学内容并非其他学科的简单再现，而是从实际生活中来，体现生活性，有利于学生把其他课程的知识生活化，同时把日常生活中的现象提升到具体学科中来学习掌握，实现课程融合、五育并举，最终提高了学生的生存能力，具有综合育人的价值。

(三) 注重体验探究，突出科学精神和家庭与社会责任感的培养

日本中小学家庭课从身边的事物出发，重视体验学习、探究学习和讨论对话学习。如前文所述，家庭课与物理、化学等其他课程密切相关，课程中涉及大量的实验，譬如，测定油炸薯条等食物中油脂的含量，学习砂糖的性质，学习盐分计、糖度计的使用，在改变温度情况下，体验甜咸感觉的变化等。又如，通过实验研究蛋白质的性质，利用鸡蛋的热凝固、发泡、溶于油和水的特征，指导学生煮鸡蛋、炖鸡蛋、做各种需要蓬松发泡的糕点和沙拉酱等调味品；在防灾教育中，通过观察不同材质布料的燃烧，学习用鼻子识别布料燃烧的气味，大大提升了学生日常防灾的反应力和应变力。高年级家庭课中关于界面活性剂的研究，利用油脂、液体洗净剂、毛巾等做相关实验，引导学生观察不同液体浓度下的浸透作用、乳化作用、分散作用、防止再污染作用，学习根据污渍的特点，利用洗净剂、漂白剂、柔软剂配合适当的水温和熨斗来对不同材料的衣物被褥进行清洁，获得舒适、美观的穿着使用体验。[①]

高年级的家庭课中还有大量与社会学、心理学等相关的家庭和社会实践，譬如，研究"祖母的饮食"课题，包含题目选择、计划实施、实施状况、评价等步骤。学生通过观察祖母餐盘中的剩余菜品或者菜品喜好等，详细记录祖母饮食，调查祖母一天的起居活动，计算热量、营养成分，发现问题，制定改善祖母饮食的策略，实施并评价其效果，进而进行反思。学生在这个过程中学会了关爱老人，融洽了亲情，锻炼了生活能力，提高了老人和全体家庭成员的生活质量。有很多学校还将这一活动扩大到社区，通过拜访一位独居老人，发现其生活起居的问题，组织学生制定策略或者向政府相关部门提出建议等。[②] 这一过程培养了学生尊老爱幼、助人为乐、关心他人、乐于奉献的品质，同时起到了道德教化的作用。

在家庭课的体验、探究活动中，各个学校纷纷推出校本课程，灵活运用各种新技术，增强劳动教育的互动性、即时性、趣味性，尤其是创新性，从而使家庭

---

① 金田利子、鹤田敦子：《家庭基础建立明天的生活》（家庭基礎 明日の生活を築く），开隆堂，2002，第124页。
② 金田利子、鹤田敦子：《家庭基础建立明天的生活》（家庭基礎 明日の生活を築く），开隆堂，2002，第174页。

课受到师生的一致喜爱。2015 年日本国立教育政策研究所进行的调查显示，家庭课位居日本中小学生最喜爱的课程榜首。有 89.4% 的学生认为，家庭课的学习在烹饪、制作等生活能力培养方面起到较大作用；有 84% 的学生表示非常喜欢在家庭课中的观察和实习；有 93.5% 的教师认为家庭课是充分开展实习实验观察的课程；有 78.7% 的老师认为学生在家庭课中可以进行思考、探究，在团队中讨论学习并找到解决问题的最佳方案，有助于实现日本大力提倡的"主体·对话型深层次学习"。①

（四）严格师资准入和培养制度，强调家庭课教育的专业性

1872 年日本政府颁布《学制》，规定国家设立专门的师范教育机构，明确了成为教师应具备的资格。1948 年日本文部省颁布《教师资格认定法》，进一步确认了取得教师资格需要的各级各类资格证书。《教师资格认定法》规定申请者要获得文部省认可的大学的学分，由最高级别的地方政府（都道府县）颁发相应证书。获得教师资格后，还需要参加都道府县举办的教师选拔考试。考试内容除了笔试、面试、论文考试以外，还包括实际技能测试和适应性检查测试等。为了使社会知名人士有机会参加学校教育，拓展师资渠道，有关单位也可以向知识渊博、经验丰富、具有优秀才能的社会人士颁发特别资格证。另外，还有非正式编制的外聘或兼职教师制度。被录取的教师要参加教育委员会组织的各项研修和学习活动。

日本的正式教师按照学段可以分为学前教育教师、小学教师、初中教师、高中教师，按教学内容可分为养护教师、营养教师、自立（理疗）教师、自立活动教师。教师资格证按照级别可分为专修、一类、二类、特别和临时资格证，专修资格证书相当于研究生院硕士课程修完（硕士）水平，一类资格证书相当于大学本科毕业（学士）水平，二类资格证书相当于大专毕业（短期大学学士）水平。

日本的小学教师资格证不分教科，但要求具有家庭课教师必需的卓越技能，并且要经过严格的培训。在初级中学，只有取得家庭课教师资格证才能教授家庭课程。取得初中家庭课教师资格证需要学习家庭经营学（含家庭关系学以及家

---

① 伊藤叶子：《新版授业力 UP 家庭课的教学》科の授业，日本标准，2018，第 8 页。

庭经济学)、被服学(含被服制作实习)、食物学(包含营养学、食品学、烹饪实习)、居住学、保育学(含实习),每门课最低1个学分,修满10学分可以报考二类教师资格证,修满20学分才有资格报考一类教师资格证。取得高级中学的家庭课教师资格证,除需学习上述内容外,还需要学习住所的制图,并在保育学中加入了家庭护理内容,此外,还有家电、机械和信息处理技术等,必须取得20学分才有报考资格。

需要说明的是,日本中小学教师资格证的获得及教师任用竞争较为激烈。例如2017年,东京都小学全科教师共有4514人报考,计划录用1260人;初高中教师共有7441人报考,计划录用770人;高中(职业)农业、工业、信息等科目教师,共有269人报考,计划录用30人;中小学共通的音乐、美术、家庭以及中学技术等科目教师,共有805人报考,计划录用180人。总计报考15213人,计划录用2655人,平均通过比例为17.5%,其中养护教师报考1030人,录用80人,通过比例仅为7.8%,初高中各科教师通过率为10%。[1]

此外,日本非常重视新任教师的培训工作,建立了系统完善的新任教师培养体系,以确保新任教师具有符合职业需要的专业知识和能力,顺利实现教师资格证拥有者和实际从事教育工作的教师之间的角色转换。对在职教师,则制定了5年、10年、20年研修制度,地方教育委员会也纷纷推出具有个性的教师培训计划,如"2018年度东京都教员进修计划"规定,综合使用"OJT"(On the Job Training,校内实践)、"Off-JT"(Off the Job Training,校外研修)、"自我启发"三种手段,对教职员进行有效培养。[2] 家庭课教师可以到东京都教职员研修中心、教育研究院、教职大学院、区市町村教育委员会和家庭教育研究机构参加各种研修活动等,教师们可以通过自主阅读家政学研究期刊,参加官方和民间组织的各种讲习会、各种家政相关学会,参观同行的教学实践,到大学研究生院学习等,开展在职进修。

(五)学科基础深厚,体现家庭课教育的学术性

日本中小学家庭课具有广泛的社会基础和深厚的学术研究背景。早在明治维

---

[1] 东京都教育委员会:《平成29年度东京都公立学校教员采用候补者选考(30年度采用)应募状况》,http://www.kyoiku.metro.tokyo.jp/press/press_release/2017/files/release20170608_04/besshi.pdf2019/10/04。

[2] 东京都教职员研修中心:《平成30年度研修案内》。

新时期，日本就开始关注家政学研究，1949 年，日本成立"日本家政学会"，发行月刊《日本家政学会志》。1950 年成立"全国家庭科教育学会"，每年发行 5 期《家庭科》，定期开一次研究大会。1958 年成立"日本家庭科教育学会"，发行季刊《日本家庭科教育学会杂志》。1975 年成立"日本教科教育学会"，发行季刊《日本教科教育学会志》。1981 年成立"日本消费者教育学会"，发行年刊《消费者教育》。此外，还有其他研究群体，比如"全国小学校家庭课教育研究会""全日本中学校技术·家庭科研究会""全国高等学校校长协会家庭部会""家庭科教育研究者联盟""产业教育研究联盟"等。文部科学省、教育委员也纷纷主办讲习会，推进中小学和其他阶段的家庭课教育。

除了大学开设家政学专业外，大学研究生院亦提供多种形式的深造机会。早在 1966 年，国立大学就开始设置教员养成学部硕士课程，有 48 所大学研究生院拥有教员养成课程，培养了大量的人才。为了方便在职教师进修学习，还开设短期特别讲座和夜间研究生院。教育委员会还推出了一年期的现任教师培训项目。1996 年，在国立大学教育学部开设了联合研究生院博士课程，自 2008 年起，在 19 所大学设立"教职研究生院"，专门培养包含家庭课在内的各科教师。家庭课的研究领域从日常的衣、食、住等相关科学到建筑、环保等各个领域，涉及经济学、教育学、心理学、社会学、伦理学、医学等多个学科，中小学家庭课具有广泛的社会基础和深厚的学术研究背景。

此外，由于日本中小学家庭课具有与其他学科的交叉性，强调终生规划意识，对于学生终身发展具有很强的延展性，其精细生动的教材设计、反思评价的科学性也值得深入研究。

综上，日本中小学家庭课在教学目标方面具有贯通性、在课程内容方面具有"五育并举"的融合性、在过程方法方面突出了体验探究的创新性、在师资准入与培养方面呈现专业性、在学科基础方面具有广泛的社会性、学科背景体现学术性，加之其生动活泼贴近生活的教学内容，从而成为日本中小学生最喜爱的科目。

日本设置家庭课的初衷是改善家庭生活质量，并非专为开展劳动教育，但是实际开展的结果，则是在家庭劳动教育方面发挥了不可或缺的重要作用，促进了中小学生劳动思想的形成、劳动技能的习得、劳动习惯的养成和其他学科的学习，提高了学生的生存能力和未来发展能力。当然，日本中小学家庭课也面临指导教师指导能力不足、课程结构需要调整、信息化手段需要进一步加强、需要开发与地域文化融合的校本课程等课题。

三 日本中小学家庭课对我国家庭劳动教育的启示

诸多研究显示，我国中小学家庭劳动教育的现状不容乐观，存在家庭劳动类型简单、家长包办代劳、奖惩方式不当等突出问题。① 家长忽视子女的劳动教育，加之社会各种思潮的不利影响，使中小学生对劳动教育及其意义的认识明显不足，甚至出现偏差。② 有识之士指出，要使家庭在劳动教育中的基础作用得以充分发挥，就必须彻底转变家长的各种错误观念。③ 可见，我国中小学家庭劳动教育实践存在内容和途径碎片化、功利化问题，缺乏系统的理论研究、顶层设计和社会基础，难以得到家长和学生的充分重视，没有实现家校联合发力，缺乏在学校环境下系统正规的家庭劳动教育课程，缺乏专业师资教材、反思评价以及家政学相关研究。

（一）深刻认识家政与家政学科的重要性

现阶段我国的主要矛盾是人民日益增长的美好生活需要同不平衡不充分的发展之间的矛盾，人民迫切需要提升生活品质；中国逐渐步入老龄化、少子化社会，家庭保育和赡养老人成为每个家庭需要面对的课题；2020年以来，疫情下居家隔离的现实凸显了家庭生活自理和生存能力培养的重要性；应试教育下家长、学生、教师情绪焦虑，相互之间关系紧张，需要融洽师生、亲子关系，促进家校融合；社会上的家政服务行业处于无序状态，亟须专业培训和引领；家庭是社会的细胞，家政学的研究对实现男女平等、促进家庭和睦、创建和谐社会等均有积极而深远的意义。

据国际家政研究机构统计，有77个国家在中小学开设了家政课或家庭课，

---

① 江潮：《当代小学生劳动教育问题及对策研究——以广西桂林市五所小学为例》，广西师范大学硕士学位论文，2017。
② 刘国飞、冯虹：《新时期劳动教育的改进措施》，《现代中小学教育》2016年第4期，第16~19页。
③ 何云峰：《论家庭在劳动教育中的基础作用》，载中国劳动关系学院主办《劳动教育评论》2020年第2辑，社会科学文献出版社，2020，第30~41页。

在高等教育领域，美国有至少 400 所大学开设家政学专业，① 日本有东京家政大学为代表的众多家政教学和研究机构以及前文所述的各种家政社会团体和家政学刊物。

与国外发达的家政学研究和普及的家庭劳动教育相比，我国大多数地区的中小学家庭劳动教育还止步于布置学生回家做一道菜、给父母端一杯水的简单、零碎的层次，家庭劳动教育显得较为肤浅单薄，缺乏广泛的社会基础和理论研究、缺乏课程化设计。改革开放以来，部分高校陆续恢复了家政学专业，2019 年 6 月教育部开始启动"每个省份至少有 1 所本科高校和若干职业院校（含技工院校，下同）开设家政服务相关专业，扩大招生规模"的计划。②

（二）家庭劳动教育课程化

从实践效果看，任何教育要有效落实必须依托于一套成熟、完善、科学的课程与教学体系。③ 课程是人才培养的核心环节，劳动教育不仅仅是零散的劳动实践或劳动体验，需要充分重视课程的主渠道、主阵地作用，通过系统的课程设置和教学计划的安排，使之真正落到实处，从而为实现劳动教育的目的提供必要条件和基本保障。④ 不仅高校需要开设劳动教育课程，中小学也需要推进以家庭劳动为主的劳动教育课程化。

我国的香港、澳门和台湾的中小学均有开设家政课的传统，近年来，上海、浙江等地中小学相继开设了家政相关课程。洛阳市西工区推行的"心教育"系列活动也将家务劳动搬进了课堂，讲授如何专业地进行清洁、烹饪，普及劳动相关法律法规，受到学生和家长的欢迎，提升了家庭劳动教育的效果。

2020 年 3 月，中共中央、国务院印发《关于全面加强新时代大中小学劳动教育的意见》；6 月，教育部对外公布普通高中课程方案，要求普通高中在原有科目基础上开设劳动课程；7 月，教育部印发《大中小学劳动教育指导纲要（试

---

① 陈叶红：《战后日本中小学家政教育课程发展及其启示》，西南大学硕士学位论文，2009。
② 《国务院办公厅关于促进家政服务业提质扩容的意见》（国办发〔2019〕30 号），http://www.gov.cn/zhengce/content/2019-06/26/content_5403340.htm。
③ 曲霞、刘向兵：《新时代高校劳动教育的内涵辨析与体系建构》，《中国高教研究》2019 年第 2 期，第 73~77 页。
④ 赵健杰、刘向兵：《论新时代高校劳动教育的课程建设》，《北京教育（高教）》2020 年第 2 期，第 14~17 页。

行)》,要求"在大中小学设立劳动教育必修课程","在课外校外活动中安排劳动实践","分学段确定劳动教育的要求和内容"。中小学劳动教育迎来了大发展的春天,贯彻中小学家庭劳动教育需要借鉴国外先进经验,走课程化道路。

(三) 家庭劳动教育师资专业化

家庭劳动教育课程化离不开师资的培养,为明确职责定位,达到履职要求,能够胜任新时期劳动教育的需要,有必要尽快开展家庭劳动教育师资培训。培养专任家庭劳动教育师资的途径之一是在大学开设家政学、家庭劳动教育相关课程,在教师资格认定中增加劳动教育以及家庭劳动教育资格认定并参加在职培训;途径之二是从现任各科教师中选拔人才进行家庭劳动教育培训,从家庭劳动思想、家庭劳动技能、家庭劳动教育指导方法等方面进行专业训练,综合使用"OJT"(On the Job Training,校内实践)、"Off – JT"(Off the Job Training,校外研修)、"自我启发"等手段,对教师进行有效培养。

中小学家庭劳动教育的开展,离不开高等教育的学术研究基础,高等教育机构除了要承担起为普通高等教育、职业教育、中小学校培养劳动教育师资的任务,还要开展劳动教育的理论研究,做好劳动教育的理论奠基工作。期待全国范围内中小学家庭劳动教育早日实现课程化,从而更好地实现劳动育人的目标。

(编辑:曲霞)

The Characteristics and Enlightenment of Family Lessons in Japanese Primary and Secondary Schools

Yang Hongjun

Abstract: Family classes are the main channel for Japanese primary and secondary schools to carry out household labor education. Family classes in Japanese have characterized by the continuity of teaching objectives, the comprehensiveness of experience and exploration, the innovation of Five Education, the professionalism of teacher qualification, the scientificity of reflection and evaluation, the social and academic nature of subject foundation, and the ductility of developing survivability for lifelong learning. The courses involve rich education values in the ideological education of household labor, the cultivation of household labor skills, the practice of household labor and the cultivation of labor habits, and provide beneficial enlightenment for the development of household labor education in China. The carrying out of homemaking education requires focuses on the development of homemaking and home economics, the boosting of homemaking education as a course and the specialization of teachers in homemaking education.

Keywords: Japan; Primary and Secondary Schools; Family Classes; Labor Education

• 互鉴交流 •

新时代背景下"四园联动"劳动教育课程的探索与实践

李建华　杨海威　韩董馨

【摘　　要】新时代背景下劳动教育拥有新的内涵、特征与价值，需要通过劳动教育课程的设计、推进完成落地。郑州艾瑞德国际学校基于以劳动培育理想、以劳动发展本领、以劳动历练担当的劳动教育目标，充分发挥校园、田园、家园、社园四个场域的协同联动作用，建构实施"四园联动"劳动教育课程，帮助儿童在真动手、真感动、真创造中实现有温度有故事的自然生长。

【关　键　词】"四园联动"；劳动教育课程；价值链；课程群

【作者简介】李建华，郑州高新区艾瑞德国际学校校长；杨海威，郑州高新区艾瑞德国际学校小学部课程中心主任；韩董馨，郑州高新区艾瑞德国际学校幼教部园长助理。

随着《中共中央 国务院关于全面加强新时代大中小学劳动教育的意见》（以下简称《意见》）的发布，劳动教育被纳入人才培养全过程，如何遵循"把握育人导向，尊重教育规律，创新体制机制，注重教育实效，实现知行合一"来完整理解新时代劳动教育的内涵与意义，把握劳动教育的特征与使命，落实劳动教育的推进与实施，成为我们重新思考的内容。郑州高新区艾瑞德国际学校自建校以来，一直秉承"走自然生长教育之路，办有温度有故事学校"的办学理念，以校园为核心阵地，以300亩田园校区为主要实践基地，以家园、社园为重要延伸场域，展开"四园联动"劳动教育课程的探索与实践，致力于培养"眼中有光、脸上有笑、脚下有力、心中有爱"的四有儿童（见图1）。

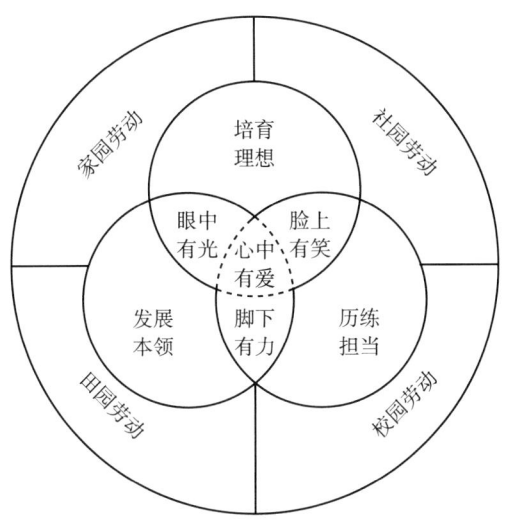

图1 "四园联动"劳动教育课程目标体系

一 聚焦新时代，塑造劳动教育价值链

新时代劳动教育的内涵至少表现为三个层面：通过劳动的教育、关于劳动的教育和为了劳动的教育。[①] 艾瑞德国际学校在"四园联动"劳动教育课程的探索与实施中，重点关注在劳动实践中使儿童获得锻炼，通过每周劳动生活安排表，有目的、有计划地组织学生参加劳动，让儿童在亲历劳动的过程中低下头、弯下腰、流下汗，这体现了"通过劳动的教育"；借助学科融合和劳动实践活动，强调树立正确劳动观，引导儿童体验并懂得劳动的多维价值，尊重劳动人民，珍惜劳动成果，爱劳动、会劳动，这体现了"关于劳动的教育"；通过社园劳动教育课程，学生走进工厂、单位、社区，具备了一定职业劳动经验，有从事某种劳动的打算与志向，这体现了"为了劳动的教育"。

多年的劳动教育实践，促进了我们"四有儿童"培养目标的达成，同时也

[①] 曲霞：《新时代劳动教育的三重内涵》，《人民教育》2020年第7期。

帮助我们厘清了儿童所需要具备的劳动素养，包括正确的劳动观念、积极的劳动态度、丰沛的劳动情感、充足的劳动知识、适切的劳动技能、活跃的劳动思维、强健的劳动体魄等。基于此，我们将劳动教育目标具体归结为三个方面：以劳动培育理想、以劳动发展本领、以劳动历练担当。

以劳动培育理想：新时代劳动教育是落实立德树人根本任务的重要载体。儿童在劳动中学会尊重劳动者，形成吃苦耐劳、勤俭节约、乐于奉献的意志品质，同时在劳动中体会收获的喜悦和付出的快乐。劳动帮助儿童逐渐认清生活的本质，同时又对未来充满期待，树立正确的人生观、价值观和世界观，拥有积极的理想信念。

以劳动发展本领：未来社会需要有知识、懂技术、会创新、能合作的复合型高素质劳动人才，培养劳动本领，呼应未来成长。所以要关注儿童劳动实践能力的培养，帮助儿童获得一定的劳动技能与方法，使他们从知识、技能、思维上获得扎实本领，应对未来挑战。

以劳动历练担当：在劳动过程中儿童需要学会与环境相处、与他人相处、与自己相处，明白任何成果都来之不易，更深刻地体会到劳动人民的辛苦和社会进步的不易，从而增强社会责任感和历史使命感。在历练中学会担当，在成长中学会尽责。

基于这样的劳动教育目标，艾瑞德建构了校园、田园、家园、社园"四园联动"的劳动教育课程，根据学生年龄特点，分低段、中段、高段三个年级段，依据日常生活劳动、生产劳动、服务性劳动的要求，形成了更具体的课程目标（见表1）。

表1 "四园联动"劳动教育课程目标

	年级段	课程目标	课程类型
"四园联动"劳动教育课程目标	低段（一、二年级）	劳动意识启蒙，在劳动中学习日常生活自理的基本技能，体会劳动的乐趣，明白人人都要参与劳动	校园劳动 田园劳动 家园劳动 社园劳动
	中段（三、四年级）	劳动习惯养成，做好个人卫生清洁、班级和责任区卫生基本清洁，主动分担家务，愿意在学校和社区进行义务劳动，具备基本的认真负责和吃苦耐劳精神	
	高段（五、六年级）	形成正确劳动价值观，懂得如何在劳动中与他人合作，能够在劳动中发现问题并创造性地解决问题。适当参加社会组织的公益劳动，有一定的职业意识，以劳动为荣	

几年的实践下来,我们的"四园联动"劳动教育课程逐渐形成自己的特色,主要体现为场域联动、学科融合与学段延展。

场域联动,是指校园、田园、家园、社园四个劳动教育场域的组合与联动。校园是儿童每天生活学习的高频场所,是我们实施劳动教育的核心阵地;田园是劳动教育的主要实践基地,艾瑞德拥有300亩田园校区,儿童可在其中过春夏秋冬、观日月星辰、感鸟语花香、摘瓜枣桃李;家园是劳动教育重要的发生地,是儿童生长的港湾,同时也是挖掘家长作为教育伙伴的场域,有利于劳动教育的深入推进和落实;社园指向儿童目前生活与未来生活都要面对的社会场景,帮助儿童获得职业体验,并在社会志愿服务和公益劳动中学会处理与不同社会群体的关系,参与社区治理。此"四园"各有侧重又相互补充。所谓联动,既是劳动教育内容在不同场域的贯通,又是劳动素养在不同情景中的迁移,劳动教育要对"四园"有所兼顾,使其协同推进。

学科融合,指"四园联动"劳动教育课程强调多学科融合的综合育人走向。《意见》充分肯定了劳动教育具有"树德、增智、强体、育美的综合育人价值",在课程探索与实施中,我们也注重劳动教育的综合性、开放性、实践性特点,有机地将劳动教育的内容与其他学科互相渗透、融合,同时打破学科边界。

学段延展,指"四园联动"劳动教育课程在年龄分层上进行上下延展。我们不仅在小学阶段开展劳动教育课程的建构和实施,学前阶段同样有其开展方式和推进路径,例如,"二十四节气田园课程实践丛书"的内容就针对从幼儿园小班到小学六年级所有孩子的需要。面对小升初的衔接,结合初中生的发展特点和所需具备的核心素养,"四园联动"劳动教育课程同样也具有延展的可能性。

我们仔细分析四个板块劳动教育课程和不同学科的价值与意义,以"四园联动"递进培育为总体设计思路,尝试根据儿童认知规律,将课程结构分为基础型、拓展型、进阶型(见图2)。其中基础型指向劳动意识的普及与认知,拓展型指向劳动习惯与生活劳动技能的培养,进阶型趋于高阶劳动素养及劳动价值观的进阶培育。

二 拓宽多场域,建构"四园联动"课程群

那么"四园联动"劳动教育课程体系到底如何建构?课程目标是什么?课程内容如何编排?具体推进路径和实施方法是什么?

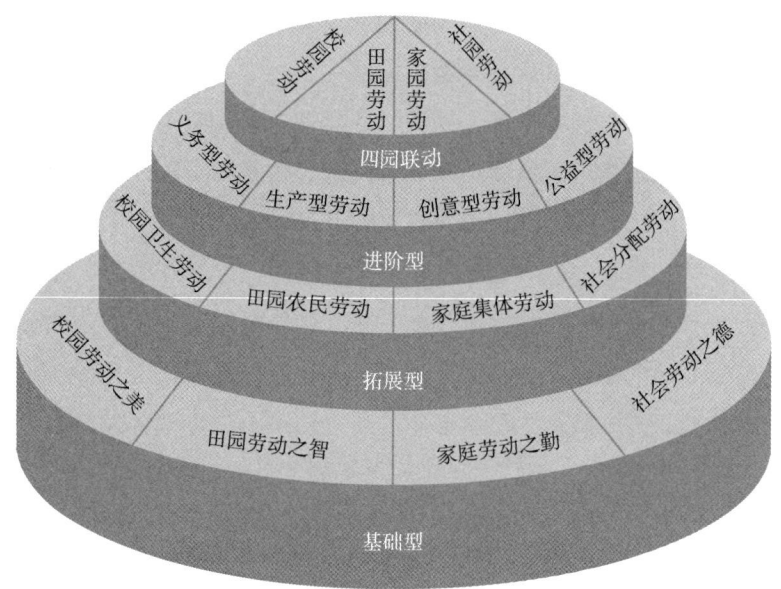

图 2 "四园联动"劳动教育课程结构

(一) 校园劳动教育课程：以自主管理涵养品德

在艾瑞德国际学校，劳动教育体现在儿童每一天的校园生活中。学校的教学楼没有保洁员，打扫清洁工作全部由学生完成。每学年开学，学校将整个教学楼根据班级数量进行区片划分，每个班级分到属于本班的责任区域，从开学第一天起，学生每天固定在早读前、大课间、午休后、放学后打扫卫生区，他们的每一天从劳动开始、以劳动结束，将"干净、有序、读书"的校风践行在每天的劳动中。每天清晨，校园里不仅能听到琅琅的读书声，还能看到学生擦楼梯的忙碌。学生来到教室的第一件事不是立刻读书，而是拿起劳动工具到班级卫生区打扫卫生，用劳动打开一天的美好光景。劳动成为学生的习惯，他们低下头、弯下腰、流下汗水，收获成长。

目前，校园劳动已经建立一套成熟的管理与评价机制。为了激发学生自觉劳动的积极性，学校劳动工作的落实、管理、评价等都由学生完成。

1. 学生落实

班级设立"劳动委员"岗位，劳动委员在保证每个学生每周都有劳动任务的情况下，建立小组轮班制。学校设立校园义工岗位（见图3），共同维护校园其他公共区域的卫生。

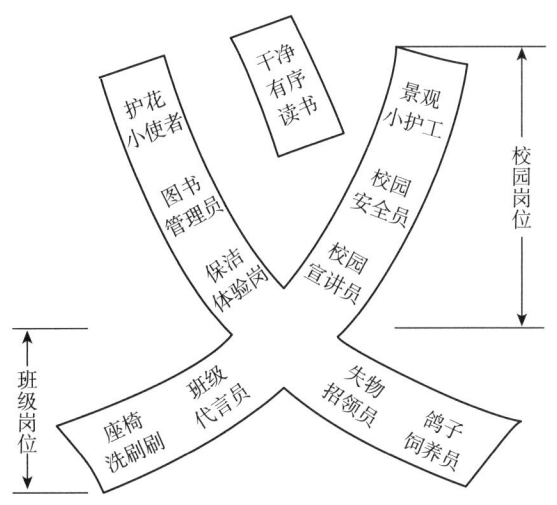

图 3　校园义工岗

2. 学生管理

值周班级在固定时间对每班卫生情况进行检查，检查结果交由大队委学生干部进行汇总，并对当天卫生情况好的班级，在每天中午的校园广播站进行表扬。

3. 学生评价

大队委干部根据值周生统计的卫生情况，每两周评选一次"干净流动锦旗"，并在升旗仪式上颁发。由于学校良好的劳动氛围，"干净流动锦旗"是每个学生最重视的一项集体荣誉。

（二）田园劳动教育课程：以亲身体验提升能力

300亩田园校区作为第二课堂，是学生重要的劳动教育实践基地。通过田园劳动教育课程，学生得以亲近自然、亲自动手、亲子互动、亲历生长。

1. 班级"一亩田"——学习耕种养收

每个班级从一年级开始分到"一亩田"，从一年级到六年级，学生通过田园劳动学习种、养、收、食、储（见图4）。农场就是课堂，种地也是作业。学生常说，"班级'一亩田'是我们的另一间教室"，"一亩田"将书本知识带到田间地头，让学生所学知识生活化、立体化。

每个季节都有不同班级的"一亩田"收获，收获后，学生们将卷心菜、土豆、玉米、南瓜带回家烹饪。品尝自己种植和采收的食物，滋味是不同的。也正

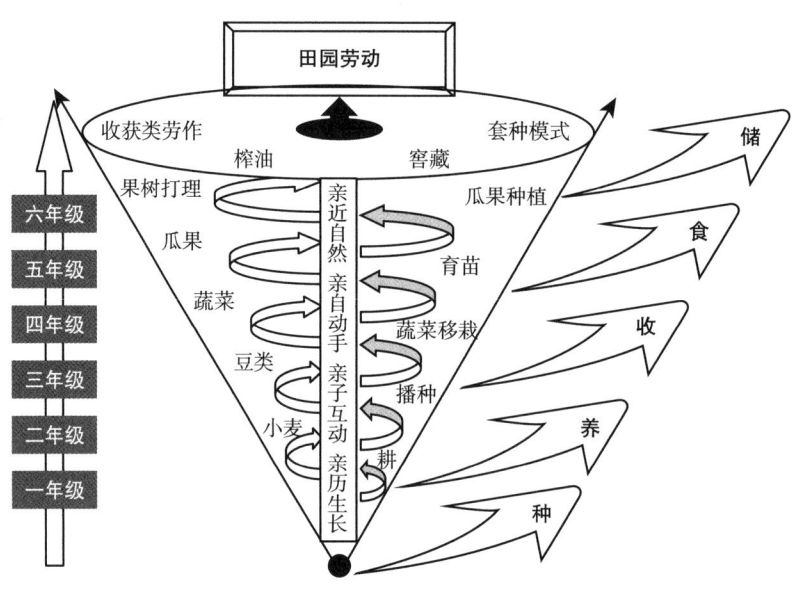

图 4　田园劳动递进模型

因为有了"锄禾日当午,汗滴禾下土"的经历,学生才懂得了"谁知盘中餐,粒粒皆辛苦"的不易。一年四季,他们用自己的劳动和汗水与这片土地对话,通过劳动懂得耕耘和收获,明白爱和珍惜。学校音乐老师马莉亚曾专为班级"一亩田"谱曲一首,名为《归园田居》,其中这样唱道:"一亩田四方方,有你有我的愿望。望星空数着梦,虫鸣鸟叫在耳旁。树儿高梨花香,伴你我自然生长。阳光照水长流,梦想闪闪涌心上。"

2. 二十四节气——体悟自然规律

田园劳动教育课程立足二十四节气,每个班级根据四季规律种植不同农作物,萝卜、白菜、小麦、大葱……从一年级入学开始,学生依照时令种下农作物,寒来暑往无间断,每一粒种子都撒在学生用锄头扒出的田垄上;农作物需要的每一滴水都是学生用小桶打来浇下;恶劣天气袭来,农作物受损,学生到农场给"受伤"的农作物"医治";田间杂草学生一根一根拔除,成熟果实学生一个一个采摘。农场里没有配备现代化农具,目的是让学生更多地通过自己的双手劳作和创造。每个班根据季节变化种植不同农作物,收获的季节已经不仅限于秋天。一个班级在夏季收获了颗粒饱满的向日葵。收获的那一天,班主任在微信朋友圈写道:"从惊蛰到小暑,历经 4 个月,共计 120 天,从倒春寒到炎炎夏日,享受明媚阳光，经历狂风暴雨，我们同向日葵一起经历磨难，现在它们终于成熟了。今天，我们相约艾瑞德田园校区，一起享受收获的喜悦。感天地人事，悟自然生长。"

过程即课程，田地即天地。李建华校长看到周末田地里的忙碌情景曾赋打油诗一首："周末人倍忙，师生爱农场。种地为作业，田园亦课堂。今日弯下腰，来日挺脊梁。汗滴禾下土，梦中瓜果香。双脚立大地，有诗有远方。无问西和东，自然成篇章。"

（三）家园劳动教育课程：以持之以恒培育习惯

家园劳动教育课程以儿童的家庭日常生活为切入点，以家庭劳动培养儿童自立能力、自理能力和创造能力。学校从 2017 年起，建立家庭与学校长效联动机制，以"干净、有序、读书"的校风带动家风，根据学生年龄特点规定不同的家政项目，让学生每周末完成全校统一的家政作业（见图 5）。一、二年级侧重教师引导，三、四年级侧重家长示范，五、六年级侧重习惯的自主养成。

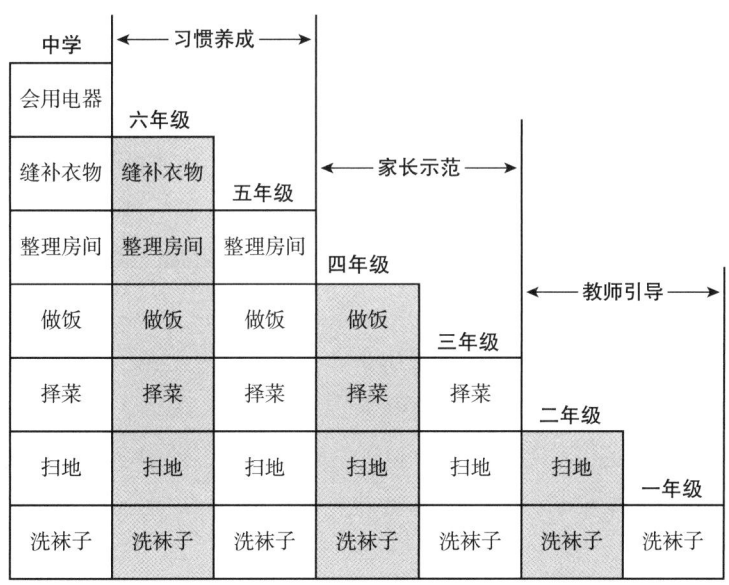

图 5　家园劳动作业单

1. 周周有主题，事事有清单，让劳动成为常态

家园劳动教育课程旨在帮助儿童坚持每周在家劳动，所以每周都有主题。比

如某学期第一周的主题是"我要整理家里书柜",第二周的主题是"我为父母整理衣柜",第三周的主题是"我给爸妈洗衣服",共 20 周 20 个主题,学生在周末与家长一起完成家政作业单。

家园劳动教育课程以劳动为抓手,帮助学生学会弯腰、学会用双手解决问题,体验与困难打交道,感受劳动带来的成就感。有学生说:"在完成家政课程作业时,我能感觉到自己长大了,分担家务也是我的责任。"从学科课程到家政劳动教育课程,从在校奋笔疾书到在家里弯腰劳动,"做"是智慧的出发,"劳动"是修心的开始,看得见的劳动蕴含着看不见却关乎学生一生的重要素养。

2. 家校联动,合作共育,让坚持成为习惯

除每周家政主题作业外,结合学校实际情况,我们还有意识地开发了一系列家校联动基本方式,用制度保证家园劳动教育的有效推进。**(1)家长课堂**。每学期老师都会对家长的职业、特长进行统计,结合家长意愿设置"班级家长课堂课程表",通过家长进班上课,孩子们了解到不同职业的特殊魅力。**(2)钉钉班级劳动作业本**。每周的家政作业完成情况都会由家长或孩子自己拍成照片、形成文字叙述上传班级钉钉群,通过技术媒介,形成家政作业的发布、实施、反馈、留档体系,让孩子在家劳动的过程和结果清晰可见。**(3)制定《家长工作指导手册》**。艾瑞德办学"三观"中的家长观是"每一位家长都是重要的链接",为更好地同家长在教育上"共识而为之,携手而为之",我们与家委会共同研制《家长工作指导手册》,其中关于劳动教育明确提出"家长要营造崇尚劳动的家庭氛围,并以身作则,通过日常生活言传身教、潜移默化,让孩子从小养成爱劳动的好品质、好习惯"。还发布"学生家庭劳动作业包",让家长清楚孩子小学阶段要完成的家庭劳动具体内容和指导方法。

艾瑞德始终相信"教育=关系+联系",通过家校联动,学校的教育理念延伸进了家庭,儿童更爱家庭,家长也更理解学校。我们的劳动教育犹如一条隐形的丝带,让学校、学生与家庭之间的关系更加融洽,联系更加密切。

(四)社园劳动教育课程:以联动参与发展素养

儿童终有一天会走进社会,所以小学阶段的社园劳动能够帮助儿童提前接受职业启蒙,感受公益服务,为自己未来的生涯规划奠定基础。为更好发挥社会在劳动教育中的支持作用,艾瑞德有意识、有目的地进行资源链接,与企业、工厂、社区和社会团体保持互动，通过社会多维实践场所，增加儿童的劳动体验方式（见图6）。

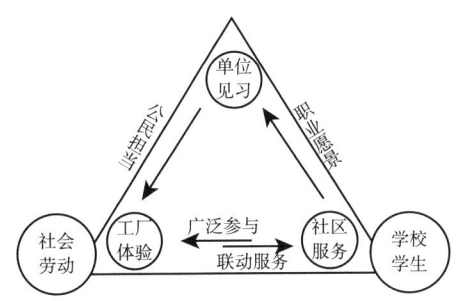

图6 社园劳动体系

1. 单位见习，获得职业启蒙

每个职业都有其光彩与艰辛，儿童通过走进不同单位，体会不同职业属性，感受不同岗位内涵，了解不同行业特点。几年来，我们与儿童一起走进消防大队、派出所、早餐店、制衣厂、银行、牙科诊所等不同单位，孩子们每次都会提前设计调查单和访谈提纲，在实际了解的过程中，进一步明白每位成人从事工作时所需要的综合素质、通识能力以及需要具备的特殊劳动知识和技能。通过职业启蒙，儿童自身未来职业志趣逐渐清晰。

2. 工厂体验，感受工匠精神

"走进工厂"系列体验活动是儿童感受工匠精神的有效途经。比如孩子们曾去服装厂的生产车间参观衣服生产的流水线，知道了每个环节都要格外严谨，每个步骤都要相当精准，唯有认真、细心、钻研才能成就出色的出厂产品。工厂体验结束，孩子们回到班级还会模拟看到的流水线进行"衣服生产"，他们体会到了精心制作时对手、眼、脑、心高度专注的要求，更加领会了"工匠精神"的要义，增强了他们对于劳动的兴趣、热爱与担当。

3. 社区服务，培育奉献品格

在社区或者社会团体中的劳动更加能够增进儿童对于他人和社会的情感，产生乐于奉献的品格。比如新冠肺炎疫情期间，儿童能够感觉到自己所居住社区的作为与担当，在学校线上课程中我们就开展了"我能为防疫做点啥？"主题活动。通过讨论，除去做好自身防护外，有同学主动将省下的压岁钱同父母一起购买防疫物资，捐赠给社区和学校。此外，学校多次带领学生走进养老院、儿童福利院、社区服务中心进行公益服务，在这样的劳动体验中，孩子们更加体会到生命的高贵正是源于在劳动中的无私奉献。

三　注重真实践，培育儿童发展生长树

《意见》要求学校根据各学段特点，把劳动教育作为大中小学教育的必修课，中小学劳动教育课每周不少于1课时。学校根据"四园联动"劳动教育课程的四个项目，以必修加活动的课时组合，将学生每周在校园、田园、家园、社园的劳动融入学生每周劳动生活安排表（见表2）。其中必修课低、中段每周2课时，高段每周3课时，包括劳动常识学习课、劳动技能锻炼课、劳动精神养成课。劳动实践活动包括：（1）校园责任劳动，如校园义工岗执勤、校园劳动日体验；（2）田园生产劳动，如班级"一亩田"耕种、田园丰收节采摘；（3）家庭生活劳动，如厨房小达人和家务小能手展示；（4）社会公益劳动，如社区志愿服务和"让城市在爱中醒来"主题活动等。其中学生每周校外劳动实践不少于10学时，家务劳动实践不少于5学时。

表2　艾瑞德国际学校第十八周劳动生活安排

	周一 早	周一 中	周一 晚	周二 早	周二 中	周二 晚	周三 早	周三 中	周三 晚	周四 早	周四 中	周四 晚	周五 早	周五 中	周五 晚	周六 早	周六 中	周六 晚	周日 早	周日 中	周日 晚
一年级	一层西楼梯	劳动常识	洗碗	一层西楼梯	图书馆义工	扫地	一层西楼梯	家长课堂	择菜	一层西楼梯	河南名吃	洗碗	一层西楼梯	家长课堂	扫地	红薯地浇水		家庭生活自理	社区义工		洗碗
二年级	二层连廊	家长课堂	拖地	二层连廊	劳模精神	洗林子	二层连廊	白鸽喂养	丢垃圾	二层连廊	家长课堂	洗林子	二层连廊	劳动常识	拖地	超市采购	择菜	家庭生活自理	种植花生		
三年级	四层连廊	河南名吃	收拾餐桌	四层连廊	家长课堂	丢垃圾	四层连廊	种菜劳动	收拾房间	四层连廊	家长课堂	切菜	四层连廊	绿化浇水	洗林子		油菜收割		可口可乐体验		洗林子
四年级	二号楼东楼梯	探场卫生	洗衣服	二号楼东楼梯	非遗传人	衣橱归类	二号楼东楼梯	家长课堂	丢垃圾	二号楼东楼梯	匠人精神	收拾餐桌	二号楼东楼梯	家长课堂	衣橱归类	地铁体验	刷鞋		红薯地松土		
五年级	二号楼西楼梯	擦洗十二生肖	做饭	二号楼西楼梯	劳模精神	收拾餐桌	二号楼西楼梯	工程师	衣橱归类	二号楼西楼梯	家长课堂	做饭	二号楼西楼梯	河南名吃	刷鞋		收割小麦		面粉厂参观	收拾房间	
六年级	三层中楼梯	未来职业	衣橱归类	三层中楼梯	门岗义工	丢垃圾	三层中楼梯	匠人精神	收拾餐桌	三层中楼梯	职业认识	刷鞋	三层中楼梯	家长课堂	衣橱归类	访福利院	衣橱归类		蔬菜采摘		

图例：劳动必修课　校园劳动　家园劳动　家长课堂　社园劳动　田园劳动

在课程形式上，以"少讲授、多探究、重实践"为原则。学校在"四园联动"劳动教育课程实施中积极发挥主导作用，教师做好各项劳动教育的安全、流程安排、技术讲授工作，在校内进行开放性校园劳动，把课堂设置在每个校园

劳动的现场,以学生自主探究为主要方式。立足家园、田园的劳动教育基础场域,有针对性地设计家园劳动作业项目,综合性地开展田园集体劳动。社园劳动在社会广泛支持下,鼓励学生积极参与,重视实践过程,增强劳动价值感。

我们期待通过"四园联动"劳动教育课程,帮助儿童捋顺内在生长逻辑,打通个体生长路径,帮助教师更加认识到尊重儿童生命生长规律、遵循儿童生命生长路径的重要性,让儿童能够真正地自然成长。

(一)扎根:真动手,夯实生存基本盘

劳动包括体力劳动和脑力劳动,小学阶段的劳动教育主要以体力劳动为主,注重手脑并用。《意见》指出:"有目的、有计划地组织学生参加日常生活劳动、生产劳动和服务性劳动,让学生动手实践、出力流汗、接受锻炼、磨炼意志……具备满足生存发展需要的基本劳动能力,形成良好劳动习惯。"实践中我们发现,通过劳动中的真动手、真流汗、真出力可以帮助儿童获得身体上的锻炼和意志上的磨炼,获得生存必备能力。这主要体现在身体和心理两方面。

1. 体能锻炼,夯实身体基本盘

劳动过程中儿童需要发挥肢体动作的作用,调动身体各部分机能,其粗大动作和精细动作都能得到锻炼。此外,儿童的"五感"视觉、听觉、触觉、味觉、嗅觉也能全面且充分地得到参与。比如儿童在一亩田的种植过程中,需要开垦、拔草、播种、浇水、收割、搬运等,这一方面是对体能的锻炼,另一方面也在促进儿童观察、调查、体验、尝试、分析、预测、合作能力的提升,此过程儿童的动手能力、操作技能和基本的生存常识获得长足进步。与此同时,这样的劳动教育课程安排,也让孩子们的身体健康指标持续趋好。据 2019 年底的数据统计,艾瑞德国际学校小学部学生的近视眼率为 10.92%,而 2018 年全国青少年总体近视率为 53.5%。

2. 意志磨炼,夯实心理基本盘

参与劳动使儿童的心理素质得到提升。孩子们通过劳动发现,这世界上从无不劳而获一说,想要有所收获,就要坚强勇敢、不怕困难、踏实认真、乐于付出、耐心耕耘,这些都是劳动带来的优秀意志品质。同时,劳动使得儿童学会如何与自然环境相处,如何与社会群体相处,如何与自己相处。他们通过劳动获得了处理人与自然关系、人际关系的方法,从而获得自己内心的和谐与平衡,这对于一个儿童的心理健康和长远发展是非常重要的。

（二）萌发：真感动，营造生命温度场

艾瑞德国际学校致力于"办有温度有故事学校"。我们认为温度是教育的底色、磁场、翅膀和力量；故事是教育的实践、经历、艺术和味道。学校课程体系中设有故事课程板块，而劳动教育课程刚好又是故事课程的重要载体和素材来源。苏霍姆林斯基把"关于劳动的教育性故事和谈话"视为重要的劳动教育方法，他认为"随着用言语激发起来的思想和感情在劳动中的日益巩固，孩子们逐渐地参加到更加长期的、真正的生产劳动中去"。① 艾瑞德劳动教育的重要理念是在真实践中产生真感动，在真感动中生成真故事，在真故事中生发真情怀，在真情怀中学会爱与被爱……让教育湿润，让生命光彩。

1. 讲好劳动故事，涵养童年

如何发掘劳动中的故事，讲好劳动中的故事，在劳动中创造故事？我们一边摸索，一边总结。比如在学校"校长课程"中，李建华校长常常通过他每天的"校长60秒"为同学们带来关于劳动的故事，如2020年5月1日的"校长60秒"推出的就是一名普通劳动者——学校后勤中心维修工孙彦福师傅的故事。不仅校长讲劳动的故事，老师、学生和教职工都在通过自己的方式发掘、梳理、表达、传播劳动的故事。

2. 传递劳动价值，润泽生命

新时代劳动教育的基本立足点是树立正确的"劳动价值观"。"四园联动"劳动教育课程不仅仅是让儿童掌握知识和技能，更重要的是引导儿童崇尚劳动、尊重劳动，增强对劳动人民的感情，牢固树立劳动最光荣、劳动最崇高、劳动最伟大、劳动最美丽的观念。在艾瑞德"六个一"主题课程中，三年级同学要"懂得一种爱"。基于对劳动教育的重视，我们连续三年开展"让城市在爱中醒来"主题活动，三年级全体同学在活动当天于凌晨3点便散布到城市各个地方，如地铁站、公交车调度站、早餐店、学校后厨等，了解我们所在的城市是如何在不同劳动者的辛勤工作中开始每一天运转的。这样的体验，增强了孩子们对于劳动精神的理解。我们期待，"四园联动"劳动教育课程对儿童"劳动精神面貌、劳动价值取向和劳动技能水平"的全面建构。

---

① 〔苏〕苏霍姆林斯基：《苏霍姆林斯基论劳动教育》，萧勇、杜殿坤译，教育科学出版社，2019，第26页。

（三）结果：真创造，助力生活马拉松

习近平总书记寄语少年儿童："生活靠劳动创造，人生也靠劳动创造。"① 劳动教育的内容必须面向真实世界，必须基于现实生活，要让儿童面对生活中的真实问题进行探索和解决，这需要儿童在操作、思考中积极创造。当儿童有了"真动手""真感动"之后，"真创造"就成为生长过程中自然而然结出的果实。

1. 以劳促思，创意生活新工具

劳动思维是劳动素养的重要内容。以劳促思，帮助儿童在劳动实践中发现真实问题、从不同维度分析问题，同时创造性地解决问题，使儿童思维的活跃性、迁移性、批判性得以提升。比如，在校园劳动教育课程中，专门负责为校园白鸽喂食的义工同学向后勤部门提出改造鸽房的建议，即对生活工具的创新与再造；再如在田园劳动教育课程中，孩子与家长创造性地打造了油菜收割流水线。对于生产生活材料、工具、模型的创新在劳动教育中频有发生，这是儿童创新型思维发展的重要体现。

2. 以劳促行，创设生活新环境

个人的成长强调知行合一，劳动教育同样关注"实现知行合一"。通过劳动，儿童学习发挥主观能动性，有意识地对身边的生活环境进行创设。儿童所处的生活环境非常丰富，以距离儿童最近的家庭生活环境为例，就涉及很多可以身体力行加以维护、创新之处，所以在家园劳动教育课程中，我们有意识地融入个人卫生、居家整理、环境清洁、美工装饰、家植种养、食物烹饪、垃圾处理、物品购置等内容。儿童在参与家园劳动的同时，也使"干净、有序、读书"的校风影响了家风，用实际行动让居家环境更加美好。

3. 以劳促志，创想生活新未来

劳动教育帮助儿童树立劳动最光荣、劳动最崇高、劳动最伟大、劳动最美丽的观念，体认劳动不分贵贱，尊重普通劳动者，在拥有正确劳动观的同时具备积极的人生观、价值观。通过劳动，儿童理解并拥有了积极的人生理想，对于未来，也有了更高层次的志趣畅想和精神追求。近两年来，学校期末综合素养测评

---

① 习近平：《在北京市少年宫"快乐童年 放飞希望"主题队日活动上的讲话》，人民网，2013 年 5 月 31 日。

围绕关键词"未来"进行,各年级呈现了"学习在当下,努力向未来""预见未来,'职'为等你""畅游'未来乐园'"等测评主题,同学们在现场招标、体验职场、设计图纸、配乐演讲等过程中构思未来,处处彰显着他们的劳动知识、劳动技能、劳动习惯、劳动精神等劳动素养。这使我们看到儿童勇敢面向未来的志向,更使我们相信他们可以通过自己的劳动创造出美好的未来。

新时代背景下的劳动教育,立足于立德树人根本任务,着眼于儿童的终身幸福和全面发展。回首过往,看到劳动教育的"孤独"终于见到了"彼岸",我们欢欣鼓舞;憧憬未来之路,助力劳动教育在更广阔的教育时空中由"独白"走向"对话",我们责无旁贷。在劳动教育中坚守儿童立场、涵养温度故事、追寻自然生长……我们期待,在探索新时代劳动教育课程图谱、育人路径的同时,完成劳动、教育与生命的相互成全。

(编辑:曲霞)

The Exploration and Practice of "Combination of Four Fields" Labor Curriculum in the New Era

Li Jianhua, Yang Haiwei, Han Dongxin

Abstract: In the new era, labor education has new connotation, characteristics and value, and needs to be implemented through the design and promotion of labor education curriculum. The objectives of labor education in Elite Cradle International School are to cultivate students' ideals, to develop their abilities and to foster their responsibility. To achieve the full educational potential of "Four Fields", which are campus, farm, home and community, the school constructs and implements "Combination of Four Fields" labor curriculum to inspire children to grow naturally with love and wonders by practice, affection and creation.

Keywords: Combination of Four Fields; Labor Curriculum; Value Chain; Curriculum Group

•互鉴交流•

服务业人才培养中融入劳动教育的内在逻辑与现实路径

——以中国劳动关系学院酒店管理专业为例*

党 印 咸丽楠

【摘 要】现代服务业的发展需要高校培养大量服务业人才。服务业人才培养需要高校在育人体系中加强劳动教育，发挥劳动教育的综合育人作用。酒店业是典型的服务业，中国劳动关系学院酒店管理专业人才培养中，从劳动思想教育、劳动技能培育和劳动实践锻炼三方面，通过理论课程、实训课程和顶岗实习等途径，构建起涵盖理论与实践、服务精神与服务技能、校内与校外等方面的全过程立体化劳动教育体系。酒店管理专业人才培养中的劳动教育做法对高校培养服务业人才有一定的参考意义。

【关 键 词】服务业；服务业人才；劳动教育；酒店管理专业

【作者简介】党印，中国劳动关系学院劳动教育中心副教授；咸丽楠，中国劳动关系学院酒店管理学院实习实训教研室主任。

随着服务业在国民经济中的比重不断增加，服务业对专业化人才的需求不断增加。高等教育承担着为社会培养专业化人才的重要使命，在新的时代背景下，

---

* 本文系北京市高等教育本科教学改革创新项目重大项目"新时代高校劳动教育实施体系建构"（项目编号：201912453002）、北京市高等教育本科教学改革创新项目"高校劳动教育实践体系建构研究"（项目编号：202012453003）阶段性研究成果。

需要为服务业培养更多更优秀的专业化人才。服务业人才不仅要具备基本的道德水平和专业知识，也需要具备专业的服务技能和职业素质，更需要具备良好的服务意识和服务精神，这些需要通过高校的综合育人体系来实现。近年来，高校人才培养在"德智体美劳"的前四方面有多种举措，在劳育方面举措相对较少，劳育的重要性以及对其他四育的促进作用没有得到充分认识。

《中共中央 国务院关于全面加强新时代大中小学劳动教育的意见》将服务性劳动作为新时代劳动教育的重要类型，强调要"结合产业新业态、劳动新形态，注重选择新型服务性劳动的内容"，同时鼓励结合学科及专业特点，将劳动教育有机地融入专业教育中。《大中小学劳动教育指导纲要（试行）》进一步明确劳动教育的主要内容是日常生活劳动、生产劳动和服务性劳动中的知识、技能与价值观。总体而言，服务性劳动教育作为劳动教育的主要类型和内容，受到高度重视。

一 服务业人才培养是新时代产业发展的重要需求

新中国成立以来，我国逐步从落后的农业国发展为先进的工业国，并进一步形成服务业（即第三产业）占主导的国民经济格局。新中国成立初期，第一产业增加值占国内生产总值的一半，20世纪50年代，第二产业占国内生产总值比重增加，20世纪60年代第一产业和第二产业的比重接近。从20世纪70年代开始，第一产业在国民经济中的比重一直下降，2019年第一产业增加值仅占国内生产总值的7.1%。第二产业从20世纪70年代开始超过农业，成为国民经济的主导产业，大部分时间占国内生产总值的比重在40%以上。第三产业在改革开放前的国民经济中占比较小，改革开放后不断增加，从1985年开始超过第一产业，从2012年开始超过第二产业，并继续增加，从2015年开始超过50%，2019年达到53.9%（见图1）。

从就业人员数量看，新中国成立初期三次产业就业人数分别为1.73亿人、0.15亿人和0.18亿人，第一产业就业人数远多于另两个产业。随着新中国人口总数不断增加，三次产业就业人数同步增加。第一产业就业人数在1991年达到3.9亿人，然后小幅减少，从2003年开始大幅减少，2019年仅为1.94亿人，相当于1957年的水平。第二产业人数在2012年达到顶峰（2.32亿人），之后不断减少。第三产业就业人数在1994年超过第二产业，在2011年超过第一产业，并继续增加，2019年达到3.67亿人，占全部就业人数的将近一半（见图2）。

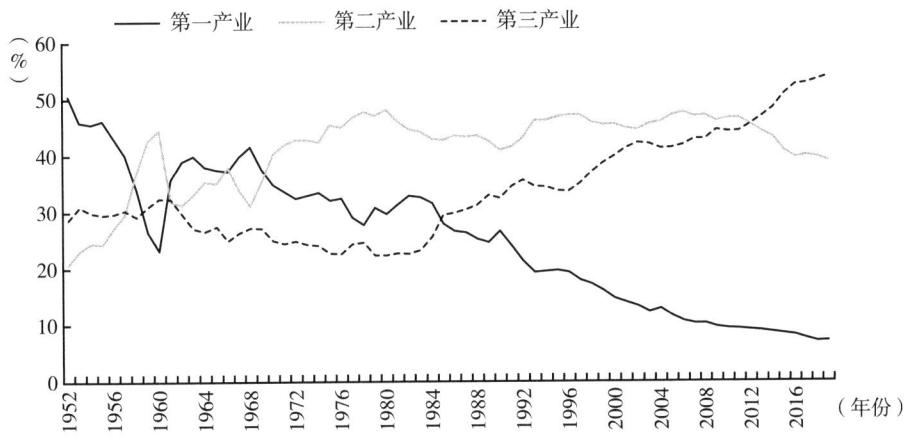

图 1　1952～2019 年三次产业增加值占国内生产总值的比重

资料来源：国家统计局官网，http://data.stats.gov.cn/。

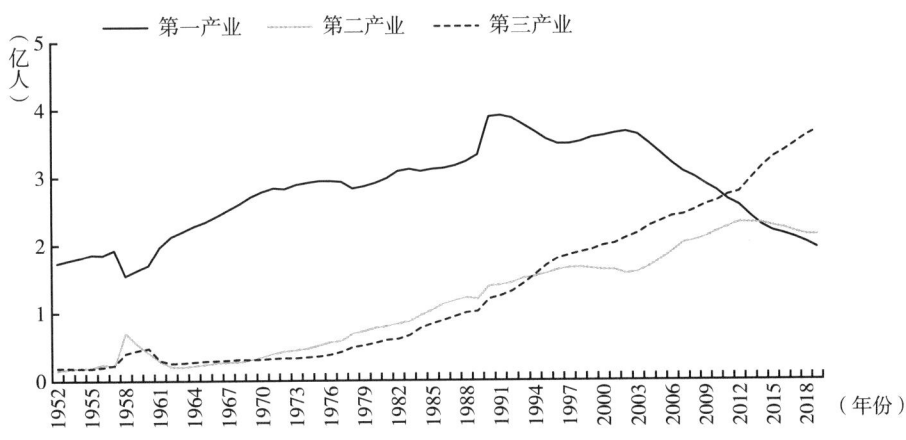

图 2　1952～2019 年三次产业就业人员数量

资料来源：国家统计局官网，http://data.stats.gov.cn/。

二　服务业人才培养的现实困境

现代服务业对服务人才的专业性和职业性提出了较高要求。《国家中长期科学和技术发展规划纲要（2006～2020 年）》和教育部等六部委联合印发的《关于进一步加强国家重点领域紧缺人才培养工作的意见》均提出，要优先支持现代服务业的紧缺人才培养。在服务业从业人数不断增加的同时，该行业人员流动和人才流失的现象也备受关注。这虽然有社会、企业和员工等多方面原因，但学校教育的不足也是重要原因之一。①

（一）复合型与应用型人才供不应求

传统服务业的典型特征是劳动密集型，现代服务业中的高端服务业多数属于新兴产业，知识密集、技术密集的特性明显增强，急需懂管理、善技能的专业人才，特别是既具有扎实的专业理论知识，又精通服务技能的高素质复合型和应用型人才。② 一些高校对现代服务业的最新发展态势较为陌生，重视理论教学而忽视技能培育，重视思想品德教育而忽视职业素养培育，导致一些学生停留在书本上的理想世界，不愿直面复杂的现实世界，学以致用能力和解决现实问题的能力不够。与此同时，教学内容对职业需求反应被动且延迟，导致人才培养的滞后性，无法培养出行业急需的人才。③

课堂教学缺乏对学生职业素养的培养。现代服务业是与人沟通交流的行业，需要较强的服务意识、沟通技巧、团队协作能力和心理素质等。现实中，高校在培养服务业人才中，偏重传授理论知识，主要采用讲授式教学，而启发式、讨论式、案例式、模拟训练等教学方法运用不到位，不注重培养学生的职业素养，导致学生难以胜任现代服务业的工作。

（二）学生在思想上缺乏对行业的认同感

学校在服务精神和服务意识方面教育不足，学生中存在"做服务就低人一等""劳力者治于人"的想法，没有从内心深处接受服务业，树立尊重劳动、劳动光荣的思想。一些学生对行业的认知停留在表面，缺乏深层次认识。学生仅从课堂上学习到行业现状以及相关的服务流程，在校期间无法获得充分的实践经验，无法深入了解行业的发展趋势及企业的核心价值观，所以缺乏对行业的认同感和归属感，存在对服务业的一些偏见。一些学生和家长排斥在校期间的实践和

---

① 汤洁娟：《论酒店行业知识型员工流失及对策》，《山西财经大学学报》2013年第S1期。
② 崔晓迪：《面向现代服务业的应用型人才需求研究》，《职业技术教育》2011年第4期。
③ 胡赤弟：《双重压力下服务型人才培养模式的重构》，《高等教育研究》2009年第2期。

实习,学生即使勉强参加实习也难以在短期内融入岗位,毕业后对工作的忠诚度不高,频繁跳槽或转向其他行业。①

(三)校内实训与校企合作存在诸多瓶颈

实训课程与实训设施有待强化。在一些专业的教学计划中,公共课、理论课占据了较大的学时比重,尽管实训环节的教学课时已有所增加,但除去停留在计划中的"名义实习"课时后,实际可用于学生实训的课时明显不足。一些高校的实训课程过于形式化,与其他学术型专业并没有太大差异。学校和教师无法提供模拟的教学场景,让学生在仿真环境中进行实训学习。配套实训场所的硬件设备陈旧、软件更新缓慢,学生利用率及参与度均不高。

校企合作平台发挥的实践育人作用有限。时至今日,不少学校的校企合作仅限于实习和就业方面,没有真正利用好企业的教学资源,教师挂职培训、校外导师以及企业课堂等创新模式没有真正落地,校企合作平台的育人作用没有充分展现出来。现代服务业的快速发展离不开企业的支撑,师资有限的学校可以通过校企合作加以弥补。高校的大量年轻教师是从研究型大学毕业后直接从事教学工作的,难以胜任相关的实践指导工作,双师型教师以及具有实践经验的教师较为欠缺。学校可以利用企业资源,组织教师挂职培训,进行实践教学环节的专门训练;也可以让企业的管理人员为学生进行实践教学,帮助学生提升实践学习经验;教师也可以带领学生深入企业,使学生在企业内部亲身体验服务行业的工作内容和程序。

三 从劳动教育的角度认识服务业人才培养的困境

出现上述问题的一个重要原因是高校没有充分认识劳动教育在服务业人才培养中的作用。曲霞、刘向兵认为:"新时代高校劳动教育表现为劳动思想教育、劳动技能培育与劳动实践锻炼三大任务领域。"② 服务业是实践性较强的行业,

---

① 陈卓、徐速:《激励视角下高职酒店顶岗实习生管理调查与分析》,《职业教育研究》2011年第11期。
② 曲霞、刘向兵:《新时代高校劳动教育的内涵辨析与体系建构》,《中国高教研究》2019年第2期。

在人才培养过程中就要让学生树立服务意识，学习服务技能，培养服务精神。从劳动教育的角度，服务业人才培养中的困境可从以下三方面进行理解。

（一）劳动思想教育：学校不够重视

劳动教育包括三重内涵：通过劳动的教育，让学生参加劳动实践；关于劳动的教育，引导学生全面正确地认识劳动；为了劳动的教育，让学生做好参加劳动的准备。[①] 大多数高校的劳动教育主要集中在第一个方面，在专业课程和思想政治教育课程中少量涉及第二和第三个方面，在劳动精神、劳动知识和劳动意识等方面的培养明显不足。因此，学生没有树立起正确积极的劳动观，没有从内心深处尊重劳动，崇尚劳动，日常生活中更关注自身有没有得到优质服务，缺乏服务他人、服务社会的主动意识，进入工作岗位后对服务型工作有排斥心理，不利于个人的成长和单位的发展。

（二）劳动技能培育：形似而神不至

按照教育部的专业设置标准与人才培养方案要求，各学校均在相应培养方案中设置了技能类或实训类课程，并配备一定的实训教室、实训场地和实训教师，完备的材料和达标的设施使学校能通过各类考评。不过在实际育人过程中，一些学校将培养方案束之高阁，将实训设施视若至宝，实训过程蜻蜓点水，实训活动少且单调。如此一来，学生在校期间并没有最大限度地掌握专业技能，无法为后期的实践锻炼打下坚实基础，并可能影响未来的职业发展，产生一连串后续影响。

（三）劳动实践锻炼：体系不够健全

一些学校的劳动实践锻炼主要体现为毕业前的顶岗实习。即使如此，不少学校放任学生自己寻找实习单位，产生虚假实习现象。较好的情况是，学校统一组织顶岗实习，有实习过程的监督与管理。还有一种值得注意的情况是，缺乏实习前、实习中和实习后的综合管理体系，学生在实习前没有充分认识行业及所实习的企业和部门，没有带着问题走向实习岗位，实习中遇到相关困惑时缺乏来自学

---

① 曲霞：《新时代劳动教育的三重内涵》，《人民教育》2020 年第 7 期。

校和教师的充分指导，实习后没有机会在专业教师的带领下系统梳理实习中的观察和体会，实现从实践到理论的再次飞跃。学生仅将顶岗实习理解为体力劳动，只是出力流汗、接受锻炼，这样的顶岗实习只有"劳动"，没有"教育"。

高校的劳动教育强调学科性和专业性，不同学科和专业需要不同的职业素养和劳动素养。服务业人才有一些共同的特征，比如热情周到。同时，也存在行业间的差异，比如电信服务、医疗服务、物流服务、养老服务和出行服务等领域的服务方法和服务标准不尽相同。高校培养服务业人才的一个常见现象是用大学生志愿服务代替服务性劳动教育，比如将运动会志愿服务、学术会议志愿服务、大学生支教志愿服务当作服务性劳动教育的一部分，所有专业的学生均可参加。大学生志愿服务更加关注服务的功能，较少关注服务的类型和内容，因此与本专业联系不够紧密。各学校普遍缺乏适用于不同年级学生且与本专业有紧密联系的志愿服务体系。

四 服务业人才培养中融入劳动教育：中国劳动关系学院酒店管理专业的实践

酒店业是典型的服务业，由五星级酒店衍生的五星级服务经常成为其他服务业的参照标杆。酒店管理专业人才培养中加强劳动教育的做法可供其他专业参考。2012年来中国劳动关系学院酒店管理专业立足于劳动思想教育、劳动技能培育和劳动实践锻炼三个方面，将劳动教育融入人才培养的全过程（见图3）。

（一）劳动思想教育：培养服务意识和劳动精神

1. 劳动思想教育贯穿人才培养全过程

劳动思想教育始于新生入学报到，终于学生毕业离校。从新生入学教育到毕业典礼的所有育人环节，都本着让学生认识专业、熟悉专业、认识自我、提升自我、融入行业、建设行业的理念，让学生从思想上做好准备，以良好的态度和精神面貌面对大学及毕业后的职业生涯。

劳动思想教育依靠全体辅导员和专兼职教师，各位老师需要在人才培养的各个环节中融入劳动思想教育。学院拥有一支健全的师资队伍。专职教师中"双师型"教师比例达到80%，其中包括品酒师、调酒师、咖啡师、茶艺师、注册

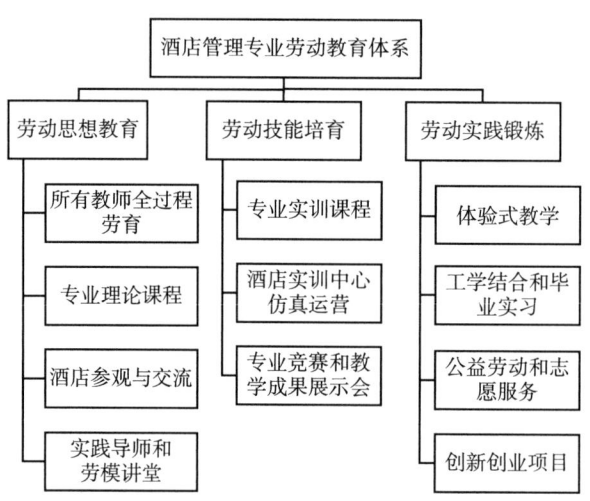

图 3　酒店管理专业劳动教育体系

营养师和收益管理师等，多名教师曾在酒店任职、兼职或挂职锻炼。学院亦聘请数十名五星级酒店的部门总监承担实践课程教学。与此同时，每位辅导员和专职教师需定期参加专业领域和劳动教育方面的培训，向全院报告培训内容和体会，全体老师加强交流，增强劳动教育的专业化和自觉性，提高劳动教育的总体水平。

2. 专业理论课程与劳动教育紧密融合

课程是劳动教育纳入人才培养全过程的主要载体。酒店管理专业基于专业特点，将劳动教育融入、渗透到多门专业课程的教学中。在专业理论课中，教师有针对性地融入劳动教育内容，并通过案例来讨论劳动精神和服务精神对酒店运营和管理的影响，润物细无声地将劳动教育思想融入专业教学，培养学生的劳动精神和服务精神。专业理论课包括基础课、核心课和方向课三大类，以微观经济学、服务心理学及酒店康乐服务与管理三门课程为例分别进行介绍。

微观经济学是专业基础课程，主要讲述经济主体在各种约束条件下的选择问题。从个人而言，每个人都希望获得幸福，幸福取决于心理预期以及从现实商品或服务的消费中获得的满足程度。人们要消费商品或服务，就需要提供资本或劳动，劳动的重要性不言而喻。在个人层面，劳动是每个人参与社会、获得幸福的必要途径，是实现人生价值、造福家人和社会的必要条件。在社会层面，众人热爱劳动，辛勤劳动，高效劳动，整个社会将生产出更好的产品，提供更好的服务，所有人都受益，整个社会将蒸蒸日上，繁荣昌盛。因此，这门课程使学生认识到劳动对个人和社会的重要性，使学生树立正确的劳动观，愿意劳动，热爱劳动，并希望提高自身的劳动力素质，实现个人的人生价值，成为社会发展的动力之一。

服务心理学是专业核心课程，包括认知篇、服务篇和管理篇三个部分。认知篇围绕酒店员工的需要、动机和行为，探究酒店基层劳动者的个体心理素质和群体心理现象，使学生了解酒店服务产生的原因、存在的价值，认同酒店基层服务的意义。服务篇培养学生以正确的心态从事酒店服务工作，正确理解平等的含义，摒弃"服务就是低人一等"的错误认识。管理篇旨在培养学生在实际劳动管理中运用心理学知识，调整员工心态，组织员工积极工作，团结一致，承担酒店赋予的劳动者使命。

酒店康乐服务与管理是专业方向课程，旨在以现代管理学原理为基础，综合运用多学科知识，对现代康乐经营管理做全面系统的阐述。该课程讲述康乐部不同项目的服务与管理、康乐服务质量管理、康乐部的经营、康乐部投诉处理等内容，使学生了解酒店康乐项目的管理细节，引导学生提高劳动实践的意识，为实习实训打基础。

3. 在参观酒店中感受服务意识和劳动精神

学生对酒店业形成初步认知后，希望提前感受未来的工作场景。为此，学院在第一个学年组织学生分批次到校企合作的五星级酒店参观，由酒店人员设计参观和体验活动，学生深入一线了解酒店各个部门，与在岗员工交流工作内容和工作心得。酒店优秀员工向学生介绍酒店及个人的成长历程。学生参观前需准备与在岗员工交流的问题以及希望了解的方面，返校后撰写参观感悟。

4. 校外实践导师与校内劳模树立劳动榜样

学院通过"请进来"的方式聘请酒店高管、专业人士作为校外劳动实践导师，定期到校举办讲座，以亲身经历以及鲜活案例讲述劳动精神对职业成就的影响，对在校学生起到示范、感染和激励的作用。① 劳模本科教育是中国劳动关系学院办学的一大特色，劳模们也一直是学生身边的劳动榜样。劳模们在平凡岗位上做出不平凡的业绩，他们的基本信念、价值追求、人生境界及展现出的整体精

---

① 王文慧：《酒店管理专业学生"工匠精神"培养体系设计》，《科教文汇》2018年第5期。

神风貌是其他专业学生劳动思想教育的重要组成部分。学院定期组织校内劳模与学生进行面对面的讨论和交流,使学生近距离感受劳模精神和劳动精神,激发学生的劳动热情。另外,学院亦定期举办嘉宾讲座,邀请酒店高管和部门总监到校讲述个人经历、行业现状及需求,引导学生关注行业,提高专业技能和劳动素养。

(二)劳动技能培育:体验专业实训和劳动过程

酒店管理专业的学生需通过专业实训课程和一系列仿真训练,在校内掌握基本的劳动技能,为走向工作岗位做准备。通过情景化训练与行业标准无缝对接,进一步培育学生吃苦耐劳的精神、严谨的工作作风和爱岗敬业的劳动态度。

1. 专业实训课程培养基本劳动技能

专业实训课程包括房务、茶艺、咖啡制作、调酒、烹饪和职业素质与礼仪等,使学生在校期间就掌握酒店工作的基本技能。专业实训课程重视手脑结合,让学生体会到职业发展需要体力与脑力并举,而非重复性的体力劳动。

以酒店房务实训课程为例,学生需要完成客房清扫、布草更换、卫生清洁等工作,需要付出体力,也需要良好的心态。刚开始时,一些学生排斥此类工作,或认为此类工作简单易做无需学习,在实际劳动中表现出敷衍马虎、怕苦怕累、意志力不强等现象。在教师讲解劳动细节、质量标准和技术要领后,前述学生体会到细小之处的大学问。在完成真实劳动后撰写实训报告的时候,学生们总结出新的劳动方法、劳动中的严谨精神及劳动之后的获得感,加深了对"爱劳动、会劳动、懂劳动"的认识。

2. 酒店实训中心提供校内实践机会

酒店实训中心设有前厅实训、客房实训、咖啡吧实训、餐饮实训四大模块。客房接待学校老师和来访嘉宾,咖啡吧面向全体师生,除客房实行登记式入住外,其他均按真实酒店的标准来运营。实训中心的所有工作人员均是酒店管理专业的学生,日常运营中,从人员安排、物资调配、客房清扫到质量检查等环节均由学生团队完成。学生团队中,总经理、副经理每年更换一次,咖啡吧和餐饮部运营团队每年轮换一次,前厅值班经理每周轮换一次,客房部人员(包括客房服务员、质检员)每学期轮换一次,该制度下,本专业学生均有在实训中心体验锻炼的经历。学生需完全按照酒店行业的要求,参与到真实的服务劳动中,处理日常工作，应对各种情况，遇到难以解决的问题时向老师寻求帮助。酒店实训中心在使学生获得工作技能的同时，提前适应酒店工作场景，为之后的酒店实习做准备。所有同学利用课余时间在实训中心工作，弘扬团队精神，在真实劳动中领悟劳动精神。

3. 专业竞赛和教学成果展示会磨砺工匠精神

中国劳动关系学院每年举办商业项目策划比赛、未来职业挑战赛、英语演说大赛、导游模拟赛等院内赛事，并组织学生参加全国性的学科竞赛，比如"全国高校商业精英挑战赛""万礼豪程未来职业挑战赛""高校大学生侍酒师大赛"等。院内比赛面向本学院所有学生，由老师提出指导意见后，全部策划和组织工作由学生完成。无论是组织人员，还是参赛学生，均在相应赛事中发挥个人优势和团队优势，精心设计，反复讨论，打磨各个细节。无论是院内比赛，还是全国性比赛，所有参与学生在积累专业知识的同时，提高专业技能，锻炼组织协调能力，强化团队协作精神，体会组织或参与一项比赛的不易，在比赛结束时体验到辛苦劳动后的快乐与喜悦，实现以赛促学和以赛促劳的目标。

教学成果展示会是以每学期末一次主题酒会的形式，展示学生的实训成果。在实训教师的指导下，高年级学生带领低年级学生，策划展示会的总体方案，布置场地，采购物资，安排人员，进行宴会摆台并接待嘉宾。展示会上，所有菜品均由学生制作，学生展示茶艺服务、葡萄酒品鉴、鸡尾酒制作、咖啡制作等多项酒店服务技能。学生展示完成后，由酒店专业人员点评。每次教学成果展示会都吸引上百名学生参与，几乎所有学生在读期间均有参加展示会的经历。该项活动使学生体验真实劳动，在多层次多角度展示专业技能的同时，提升劳动能力和服务意识，实现专业教育与劳动教育的融合。

（三）劳动实践锻炼：提升专业能力和职业素养

劳动实践锻炼使学生经历完整的劳动过程，在劳动中总结交流，提高劳动能力，深化对劳动价值观和职业素养的理解。

1. 本科层面的"体验式教学"模式

"体验式教学"模式始于 2014 年，实行"学习—体验—再学习，体验期间亦学习"的方式。普通本科学生前两年在校学习，大三期间在校企合作的五星级酒店顶岗实习，历时一年，大四上学期在校学习更多的专业课，下学期完成毕业论文。大三的寒暑假实行双休日制度，秋季和春季学期每周工作 4 天，上课 2 天，休息 1 天。实习岗位分散在酒店的各个部门，包括前厅部、客房部、餐饮部、后勤部、人力资源部等，酒店为每个学生安排一位正式员工导师。在秋季和春季两个学期中，学校教师和酒店教师（一般为部门总监）每学期合开 4 门专业课程，每门课历时 1 个月，每周集中上课 2 天。① 酒店高管以丰富的专业知识和技能让学生感知到劳动的魅力，以自身成功的职业经历让学生感知到劳动的价值。酒店高管的言传身教与学校教师的讲解结合，引领学生投身劳动实践，在劳动中实现人生价值。

所有课程跟酒店的实际运营密切相关。通过教师授课、学生分组完成作业并讨论的形式，学生边体验、边学习、边实践、边思考，在工作中体验劳动的酸甜苦辣，在课堂中交流困惑，总结劳动技能。实习结束后所有学生需完成一份实习报告，全面总结实习中遇到的问题和收获。在进一步的专业课程中，教师带领学生重新审视酒店运营，升华对相关问题和知识的认识。

2. 专科层面的"工学结合"与"毕业实习"模式

"工学结合"模式始于 2012 年，专科学生在入校时自愿报名，分为两组，一组在校企合作的酒店实习，另一组在学校学习，每月轮换一次，直到第一学年结束。该模式中，学生们在实践中遇到困惑，可在下个月的学校课程中向老师请教释疑，进行总结反刍。学生在校学到新的知识和技能后，可在下个月的实践中尝试应用。② 该模式旨在使学生反复巩固所学知识，尽快掌握劳动技能，理论与实践及时有效地双向反馈，增强学生的职业认同感。2019 年之前，参与该模式的学生占学生总数的 1/3，从 2019 年开始，该模式推广至所有学生。

毕业实习衔接毕业和就业，是专业教育和劳动教育的重要环节，自 1999 年开始，现已坚持 20 多年。每年 11 月中旬，30 多家位于北京的校企合作高星级酒店到学校举行实习双选会，学生面试后确定酒店和岗位。学生于 12 月底开始顶岗实习，至次年 5 月底，历时 5 个月。学院为每个酒店的学生安排实习指导教师，酒店为每个学生安排在岗导师，解决学生在实习中的问题和困惑。通过实习

---

① 罗旭华、纪雯雯：《产教深度融合在职业本科中的探索——以酒店管理专业"体验式教学"为例》，《劳动保障世界》2018 年第 3 期。
② 罗旭华、党印：《酒店管理专业工学结合模式：比较、实践与探索方向》，《中国劳动关系学院学报》2014 年第 3 期。

前的动员会议、实习过程中的每月总结与交流会、实习后的实习报告与总结，将"劳动精神""工匠精神"融入学生顶岗实习的全过程中，渗透到每位学生的思想行动中，让学生真正体会到劳动创造美好生活，体认到劳动创造价值，把自己的身心融入实习工作中，最终实现实习与就业的无缝衔接。① 实习结束后不少学生被酒店留用，未留用的学生亦可凭现有的专业知识和工作经验顺利找到就业单位。

3. 在公益劳动中培养公共服务意识

酒店管理专业劳动教育注重公共服务意识的培养，使其在公益劳动、志愿服务中强化社会责任，培养良好的社会公德，增强奉献意识，践行服务他人、服务社会的劳动情怀。公共服务包括校内和校外两方面。校内体现在论坛、会议及大型活动的嘉宾接待、礼仪服务与现场服务等。校外服务方面，主要是组织学生参加中国网球公开赛、世界高尔夫球赛、园博会等国际大型赛事或活动的志愿者服务，负责赛事的中西餐餐饮服务和贵宾接待等工作。每年寒暑假期间，鼓励学生参加社区或行业的志愿服务工作，比如2020年新冠肺炎疫情期间，本专业部分学生参与到社区或街道的志愿服务中，体现出新时代大学生的社会责任感。

4. 在创新创业中锻炼综合劳动能力

酒店管理专业鼓励学生进行创新创业活动，直面行业和社会发展中的问题，经过调查和研究，提出创新性的解决方案，并尽可能付诸实施，在创新创业中锻炼综合劳动能力。该专业每年组织大二和大三本科生申报学校的创新创业项目和科研项目，周期均为一年，每年的两类项目共涉及50名左右的学生，每届本科班一半以上的学生在校期间有参与一项学生课题的经历。与此同时，鼓励学生申报学校的创业园项目，进行真实的商业运营。经过校内孵化后，将优秀项目推荐至北京市大学生创业园，一个实例是北京高校大学生创业园的大创咖啡。

（四）实践效果

青少年"不珍惜劳动成果、不想劳动、不会劳动"的现象由来已久，酒店管理专业服务性劳育就是要在一定程度上改变这些现象。劳动思想教育使学生想劳动，劳动技能培育使学生会劳动，劳动实践锻炼使学生珍惜劳动成果。经过近

---

① 郑治伟：《弘扬"工匠精神"提升高职学生顶岗实习效果》，《管理观察》2017年第21期。

年的探索和实践，中国劳动关系学院酒店管理专业取得了一定的劳育成效。

1. 劳动思想教育：树立了劳动态度

通过专业课教师、辅导员和校外教师的综合讲解，以及学生亲身参观酒店，学生树立起尊重劳动、诚实劳动的劳动观。无论是在校内的实训活动和服务活动中，还是在校外的公益劳动和顶岗实习中，本专业学生认真负责、踏实肯干、吃苦耐劳、任劳任怨的工作态度和风貌受到普遍认可。不少学生在顶岗实习期间收到顾客的感谢信，被评为酒店的月度星级员工或优秀实习生，或受到酒店集团层面的嘉奖。学生的良好表现为学校树立了良好口碑，每年实习双选会之前，一大批国内外著名酒店慕名而来，既有的合作酒店亦希望在此增加招聘名额；在学生毕业前，一些酒店集团在留用本专业实习生的基础上，新增招聘中国劳动关系学院其他专业的学生。

2. 劳动技能培育：培养了实干技能

通过各类实训课程、实训平台及校内外竞赛活动，学生在校期间接触并掌握一些基本的专业技能，并在反复练习中不断熟练。酒店实训中心之前由学校后勤运营，2014年转为学生团队运营后，学生以优良的服务、敬业的精神赢得入住教师的一致好评。每学期一次的教学成果展示会中，学生展示的技能、展现的服务受到来自酒店高管和同业院校教师的高度赞许。该专业学生在2016年首届及2017年第二届"高校大学生侍酒师大赛"中先后荣获亚军和冠军。在万礼豪程未来职业挑战赛中，该专业学生团队先后获得2018年全国总冠军、2019年本科组全国亚军、2020年高职组全国总冠军的成绩。在全国酒店管理商业精英赛中，该专业本科组和高职组团队先后均获2017年、2018年全国一等奖的成绩。

3. 劳动实践锻炼：体认了劳动价值

通过顶岗实习、志愿服务和创新创业活动，学生一方面经历了完整的劳动过程，看到劳动的成果，体会到劳动的快乐，认识到劳动给别人、给酒店、给社会创造的价值；另一方面得到一定的劳动报酬或服务证书，减轻了个人经济压力，提高了求职竞争力。此外，学生体会到劳动的不易后，更加珍惜劳动成果，更加努力地学习理论知识。在"体验式教学"和"工学结合"模式中，学生经历了酒店实习后，更加珍惜在校学习时间，展现出良好的学风。"体验式教学"的跟踪调查显示，迄今为止，7个班的248名学生中，15%的学生高度认可这一模式，55%的学生认可，18%的学生不确定，12%的学生不太认可，这一结果符合我们的预期，说明该模式发挥了应有的育人作用，并有一定的完善空间。

五 结语

酒店属于服务业，服务是酒店的无形产品，服务也是酒店从业者的主要劳动内容。酒店业人才培养中，关于服务意识、服务技能和服务精神的培养是必不可少的，与其相关的劳动教育是本专业的一大特点。高校酒店管理专业本科和专科普遍定位于培养应用型管理人才，学生不仅要学习经济管理类的基础性课程、酒店管理类的专业方向课程，也要学习酒店运营中的一些基本技能，更要通过各类实践活动体会"服务理念"的精髓，待人如己，知晓体恤，将服务意识内化于心，外化于行，成为行业发展的建设者和推动者。

中国劳动关系学院酒店管理专业将劳动教育贯穿本专业人才培养的全过程，成为所有学生大学生涯的共同底色，劳动教育成为重要的育人方式，表现出一定的综合育人价值。一项针对本专业毕业生的抽样调查显示，每年有将近一半的学生毕业后在酒店业工作，1/4的学生从事除酒店业外的大住宿业、餐饮业或旅游业；毕业后三年内从事大住宿业、餐饮业或旅游业的学生超过一半，在一线城市从事以上行业的学生最多，二、三线城市次之。毕业后升职的学生中，大多是三年内晋升为部门主管，五年内晋升为部门副经理，也有一些学生经过十年左右的时间，晋升为单体酒店的高管或酒店集团的高管。以上育人结果表明，劳动思想教育、劳动技能培育和劳动实践锻炼的综合劳育体系富有成效，成为人才培养质量的支撑和保障。

总体而言，高校应充分认识劳动教育在人才培养中的综合育人价值，在服务业人才培养中强化服务意识、服务技能和服务精神的综合培养，让学生成为劳动教育的受教者和受益者，成为劳动精神的弘扬者和引领者，成为促进服务业发展的中坚力量和栋梁之材。

（编辑：曲霞）

The Logic and Methods of Integrating Labor Education into the Training of Service-oriented Talent

—Evidence from the Hotel Management Major of China University of Labor Relations

Dang Yin, Xian Linan

Abstract: The development of modern service industry requires universities to train a large number of service-oriented talents. The training of service-oriented talents requires universities to strengthen labor education in the comprehensive education system of "moral, intellectual, physical, aesthetic and labor". The hotel industry is a typical service industry. In the training of hotel management professionals, a feasible approach is to build a system including three aspects of labor ideological education, labor skills training, and labor practice training. Through theoretical courses, practical training courses, and internships, it is constructed to cover both theory and practice, service skills and service spirit, on-campus and off-campus. The whole-process three-dimensional labor education system has become an important support and guarantee for the quality of talent training. The labor education practices in the training of hotel management professionals have certain reference significance for the training of service-oriented talents in universities.

Keywords: Service Industry; Labor Education; Hotel Management Major

《劳动教育评论》约稿函

《劳动教育评论》是由中国劳动关系学院劳动教育中心主办,社科文献出版社出版的教育类学术集刊,每年出版四辑。刊物以劳动教育政策解读、劳动教育理论前沿、劳动教育哲学研究、劳动教育案例分析、国际劳动教育比较、劳动教育思想研究以及劳动教育相关学科建设为主要研究领域,常设专家访谈、理论前沿、评价研究、历史回眸、互鉴交流、调查研究、国外动态等栏目,欢迎广大专家、学者不吝赐稿。

一、征稿范围(包括但不限于)

1. 习近平新时代劳动和劳动教育观研究;
2. 新时代劳动教育的哲学基础研究;
3. 劳育与德育、智育、体育、美育的内在逻辑研究;
4. 新时代劳动教育的内容、实施与评价研究;
5. 劳动教育的典型案例与实证调查;
6. 劳动教育的国际经验与比较研究;
7. 劳动教育的师资培养、机制建设;
8. 劳动科学与劳动教育的融合研究;
9. 劳模精神、劳动精神、工匠精神与新时代劳动价值观的塑造;
10. 创造性劳动视阈下的大学生创新创业教育等。

二、来稿要求

1. 文章类型:本刊倡导学术创新,凡与劳动教育相关的理论研究、学术探讨、对话访谈、国外思想动态、案例分析、调查报告等不同形式的优秀论文均可投稿。欢迎劳动哲学、劳动关系、劳动社会学、劳动法学、劳动经济学、劳动文化学等劳动科学领域学者从本学科领域对新时代劳动教育的内容体系构建和配套制度建设提出新的创见。

2. 基本要求：投稿文章一般1万~1.5万字为宜，须未公开发表，内容严禁剽窃，学术不端检测重复率低于15%，文责自负。

3. 格式规范：符合论文规范，包含：标题、作者（姓名、单位、省市、邮编）、摘要（100~300字）、关键词（3~5个）、正文（标题不超过3级，各级标题用阿拉伯数字连续编号）、参考文献（参考文献采用页下注释体例，参考文献和注释均为页下注，每页编序码，序号用①②③标示）、作者简介等。

4. 投稿邮箱：LDJYPL@126.com　联系电话：（010）88561837

三、其他说明

1. 来稿请注明作者姓名、工作单位、职务或职称、学历、主要研究领域、通信地址、邮政编码、联系电话、电子邮箱地址，以便联络。

2. 来稿请勿一稿多投，自投稿之日起一个月内未收到备用或录用通知者，可自行处理。编辑部有权对来稿进行修改，不同意者请在投稿时注明。

3. 本刊已被中国知网收录，凡在本刊发表的文章均视为作者同意自动收入CNKI系列数据库及资源服务平台，本刊所付稿酬已包括进入该数据库的报酬。

《劳动教育评论》编辑部

图书在版编目(CIP)数据

劳动教育评论. 第3辑 / 中国劳动关系学院主编. --北京：社会科学文献出版社，2020.12
ISBN 978-7-5201-7724-5

Ⅰ.①劳… Ⅱ.①中… Ⅲ.①劳动教育-研究 Ⅳ.①G40-015

中国版本图书馆CIP数据核字（2020）第255513号

劳动教育评论（第3辑）

主　　编 / 中国劳动关系学院

出 版 人 / 王利民
组稿编辑 / 任文武
责任编辑 / 王玉霞　李　淼

出　　版 / 社会科学文献出版社·城市和绿色发展分社（010）59367143
　　　　　 地址：北京市北三环中路甲29号院华龙大厦　邮编：100029
　　　　　 网址：www.ssap.com.cn
发　　行 / 市场营销中心（010）59367081　59367083
印　　装 / 三河市东方印刷有限公司

规　　格 / 开　本：787mm×1092mm　1/16
　　　　　 印　张：11　字　数：186千字
版　　次 / 2020年12月第1版　2020年12月第1次印刷
书　　号 / ISBN 978-7-5201-7724-5
定　　价 / 58.00元

本书如有印装质量问题，请与读者服务中心（010-59367028）联系

▲ 版权所有 翻印必究